ホロスコープを読むのが楽しくなる！

占星術キャラ図鑑

キャメレオン竹田 著

ナツメ社

はじめに

占星術はとても面白い占術です。生まれた瞬間の星の配置図は、みんな違っていて、それぞれの人生の設計図のように、巧妙にできています。

その設計図のことをホロスコープといいます。

いろんな人のホロスコープを拝見してきましたが、設計図通りに生きている人と、そうでない人がいます。これは、言い方を変えると、自分が生まれる時に持ってきた手持ちのカードを上手に使っている人と、使えていない人がいるということなんですね。

そして、カードを上手に使えるようになると、人生がどんどん豊かでうまくいくようになるんです。

使えるカードがあるのに使っていないのは、とてももったいないことですよね。

料理に例えるならば、その材料があれば、こんな料理も作れるし、これだってできる！　といった感じなのに、そもそもどんな材料があるのか知らないというようなものです。知らないから、その材料では作らなくていい（というか作れない）料理を苦労して作ろうとして悩んだり、人と比べたりしているわけですね。

ぜひ、この本で、自分のホロスコープを読んで、人生を豊かで満ち足りた方向へと、自分で自分の道を開いて行きましょう。

私のホロスコープを少し説明しましょう。

仕事を表す太陽が、自分でお金を生み出す場所にあり、独立の天体である天王星が仕事を司る場所にあります。これは、雇われて仕事をするのではなく、自分が好きなことで起業するといいんですね。

20代の頃は、まだ、ホロスコープが読めませんでしたから、このような設計図になっているとは知らずに、ずっと会社員として働いていました。

29歳から占星術を本格的に勉強し始め、このホロスコープの配置を発見し、32歳で会社員を辞めて、本格的に起業することにしました。

するとどうでしょう？　仕事において、とんとん拍子の人生が始まりました。趣味が仕事で仕事が趣味であり、遊びながら豊かになっていくのです。しかも、ノンストレスなので、持病の子宮内膜症や喘息は、跡形もなく消えてなくなりました。

体調不良というのは、「そっちじゃないよ！　違う方向に行っていますよ！」というお知らせだったりするんですね。

ですので、自分のホロスコープを知って、正解の道を歩むことにより、健康になってしまうのです。

何だか、面白いですよね！

また、この本では、ホロスコープにおける主要な登場人物として、10の天体と12のサイン（星座）をキャラにして紹介しています。それぞれの特徴をざっくりつかんでいただくと、ホロスコープを読み解く手助けになるはずです。

それでは、始めましょう。

CONTENTS

ホロスコープを読むのが楽しくなる！占星術キャラ図鑑

CONTENTS

CONTENTS

占星術キャラ図鑑の読み解き方

10天体のキャラ図鑑（P.22～P.61）

❶ 10天体（月、水星、金星、太陽、火星、木星、土星、天王星、海王星、冥王星）をキャラクター化して、どんなキャラなのかイメージしやすいようマンガにしました。

❷ 天体のマークと名前。下は代表的なキーワード。

❸ キャラのイラスト。

❹ 意味や特徴を表すキーワード。

❺ キャラが色濃く影響する年齢の期間。

❻ 象徴している人物。

❼ 影響を与えているサイン。

❽ 関係性のあるタロットカード。

❾ キャラにぴったりのテーマ曲。

❿ 知っておくと役立つ豆情報。

⓫ この天体にはどんな意味や特徴があるのか、上手に使うにはどうすればいいのか、などを解説しています。

12サインのキャラ図鑑（P.72～P.119）

❶ 12サイン（牡羊座、牡牛座、双子座、蟹座、獅子座、乙女座、天秤座、蠍座、射手座、山羊座、水瓶座、魚座）をキャラクター化して、どんなキャラなのかイメージしやすいようマンガにしました。

❷ サインのマークと名前。下は代表的なキーワード。

❸ キャラのイラスト。

❹ 影響を与えている天体

❺「火、地、風、水」のどのグループ？

❻「活動、不動、柔軟」のどのグループ？

❼ 体で象徴している部位

❽ キャラにぴったりのテーマ曲

❾ 知っておくと役立つ豆情報

❿ このサインにはどんな性質や特徴があるのか、上手に使うにはどうすればいいのか、などを解説しています。

第1章

占星術の基礎知識

ホロスコープから読み取れることは？

ホロスコープは人生の設計図

占星術は、ある時点（生年月日、生まれた時間、出生地など）に天体の配置を一時停止した図を使います。この天体の図をホロスコープといいます。その中でも、生まれた瞬間の図をネイタルチャートといい（以下、これをホロスコープと呼びます）、その人の人生における設計図になります。

ホロスコープでは、10天体や12サイン（占星術では星座をサインといいます）は記号になっています。また、丸い円の中は12個の部屋（ハウス）に分かれていて、天体と天体は、角度（アスペクト）によってさまざまな化学反応を起こします。

10天体がどのサインになっているのか、
12個の部屋のどこに天体があるのか、
それぞれの天体同士の角度がどうなっているのか、
これらを読み解いていくのが占星術なのです。

それはそれは、とても細かく読むことができるのです。

性質、才能、お金、仕事、恋愛、結婚、人間関係、家庭、健康などなど……。

あなたの設計図を、早く知りたくなってきたでしょ!?

そして、占星術では、生まれた時間が必要になります。
(どうしてもわからない場合は、生まれた時間がわからなくても読み解ける方法をP162で紹介します)

本来の占星術は太陽だけでなく10天体を使う

基本的に、雑誌などでよく見かける12星座による星座占いは、10天体の中の太陽のサインを使っています。

また、星座占いによっては、星座と星座を分ける日にちが1日ずれていたりして、自分は本当はどちらの星座なのかわからない……という人もいるのではないでしょうか？

これは、年月日時によって、太陽の位置が微妙にずれるからなのです。星座占いでは、そのへんの微差はあらかじめ占者によって決め打ちになっています。ですので、きちんと自分のホロスコープを出せば、明確になり、今までのモヤモヤが晴れることでしょう。

さて、これから、星座占いよりもはるかに詳しい占星術を学んでいくわけです。

ですから、太陽のサインだけでなく、10天体を使っていきます。
10天体は、すべてあなたの中の性質としてあるわけです。今まで星座占いしか見てこなかった人は、占星術の一部である、太陽のサインだけを見ていたということです。星座占いはあまり当たらないな〜と思っていた人もいるのではないでしょうか？

10天体と12サインの関係は？

10天体は、あなたの中にいる10人の主人公です。
12サインは、その人たちの性質や心の状態です。
12ハウスは、場所やシーンです。
アスペクトは、行動や天体同士の血液の流れみたいなものです。

ざっと説明すると、こんな感じです。

それぞれの天体には、たくさんの意味がありますが、例えば、
「楽しい」を担当するのが金星、
「興奮する」を担当するのが火星、
としますと、

どんなことが楽しいのかを知りたければ、金星のサインを見ます。
どんなことに興奮しやすいのかを知りたければ、火星のサインを見ます。

また、どこで、どんなふうに、など詳しく見ていく場合は、ハウスやアスペクトもすべて見ていくことになります。

例えば、金星が2ハウスだったらお金を稼ぐことが楽しかったり、火星が2ハウスだったらお金を稼ぐことに興奮したりします。

また、1つのサインでも、素敵な性質と癖のある性質など、さまざまな側面が

あります。どのような要素が出るかは、ホロスコープだけでなく、そのホロスコープの人物と対話をしながら鑑定をしていくことで明確になってきます。

10天体が担当する年齢域について

10天体は、それぞれ年齢域というものがあります。10天体には、担当する年齢があるのです。

☽月は、0～7歳
☿水星は、7～15歳
♀金星は、15～25歳
☉太陽は、25～35歳
♂火星は、35～45歳
♃木星は、45～55歳
♄土星は、55～70歳

♅ 天王星は、70～85歳
♆ 海王星は、85歳以上
♇ 冥王星は、死後の世界!?

境い目は、ぴったりと区切られているわけではなく、何となく前後とかぶる感じになります。

これらの年齢の期間には、単純に年齢域の天体のサインが色濃く出ます。ですから、もしも、あなたが今38歳であれば、火星のサインの性質が、かなり出てくるというわけです。

自分のホロスコープを見て、10天体のサインをチェックしてみましょう。余裕があったら、ハウスやアスペクトも、チェックすると面白いです。

私の場合は、次の通りです。

サインの詳しい解説は3章になるのですが、簡単に説明します。

0～7歳の月が、蠍座なので、1つのことに没頭！
7～15歳の水星が、山羊座なので、大人びた視点！
15～25歳の金星が、牡羊座なので、猪突猛進！
25～35歳の太陽が、水瓶座なので、変わったことが大好き！
35～45歳の火星が、水瓶座なので、変わったことが大好き！
45～55歳の木星が、牡牛座なので、職人モード！
55～70歳の土星が、獅子座なので、どんどん表現！
70～85歳の天王星が、蠍座なので、1つのことに没頭！
85歳以上の海王星が、射手座なので、チャレンジャー！
死後の世界⁉の冥王星が、天秤座なので、和気藹々《あいあい》！

これまでの人生を振り返ってみますと、
月の年齢域の幼少期は、絵をずっと描いていたので、たくさんの子と遊ぶというより、お気に入りの子とずっと一緒にいました。

水星の年齢域の小中学生時代は、真面目にルールに従って生きていました。あまりはしゃいだりせず、冷静に周りを観察していた感じです。

金星の年齢域の高校生から25歳くらいまでは、ワクワクすることがあったらあまり考えずに飛び込んでいきました。

太陽の年齢域の25歳から35歳くらいまでは、本来の自分らしさ、個性的な部分を生かし始めた感じです。起業したのは32歳です。

火星の年齢域の35歳から45歳くらいまでも、キャメアートショップや書籍、絵など、どんどん自分らしさ全開でやりたいことを自由にまっとうしました。

木星の年齢域の45歳から55歳くらいまでですが、現在はここです。天然石のお店を始めたり、絵のシルクスクリーンを始めたり、アクリルの絵をじっくり描いたり、執筆した文章の推敲をコツコツと繰り返したりと、職人のようなことが増えてきています。

今はこの段階なので、ここまでとさせていただきます。

私の場合は、0～7歳の幼い頃と、70～85歳の高齢期が共に蠍座で、同じ感じになるのが面白いですよね！

あなたも、自分の10天体のサインを書き出してみましょう。

Column

1

海外生まれや海外在住の人のホロスコープ

1

海外生まれの人のホロスコープ

海外生まれの場合は、ホロスコープ作成サイトで、生まれた場所の地名または緯度・経度、現地のUTC（協定世界時）との時差を入力します（地名を入れるだけで、自動的に現地のUTCとの時差が反映されるサイトもあります）。

サマータイム期間中に生まれた人は、「UTCからの時差」などで検索すれば、調べたい年月日と時間を入力すると計算してくれるサイトがあるので、そこでチェックできますし、自動的に反映されるホロスコープサイトもあります。

2

生まれた国と住んでいる国が違う人は？

生まれは海外で今は日本に住んでいる人、日本で生まれて海外に住んでいる人の場合、ネイタルチャートと、もうひとつ、リロケーション図を出しましょう。第2の出生図として参考になります。

リロケーション図の出し方は、生年月日と生まれた時間を、移動先に合わせて（その移動先で生まれたことにして）作成します。出し方は1と同じです。

第2章

10天体のキャラ図鑑

月
—moon—
あのう…
私はあなたの
本心や感情を
司る者です
おど
おど
え〜!?
あなた、私の
イメージとは
違うんだけど?
私はもっと元気よ?
と思うで
しょうけど
心の中を
よく見て
もらえます?
心の中?
いるでしょ?
奥にひそむ
あっ!
素の
あなた
ビクッ

幼い頃に刻まれた
あわわっ見つかっちゃった
あなたの性格や感情
つまり、あなたの本心です
外に向かっている時のあなたではなく
バリバリ行くよー
1人に戻った時のあなたのほうね
ガンバってはしゃいでつかれたー
わーん
そうなの！私、本当は人見知りキャラなのー
って、あれ？いない？
どこ？
ここにいるわ
あと私、形の変わりやすい月だけに変化の激しいあなたの感情も表しています
満月
ビジュアルが…!!

1 ☽ 月

心、体、私生活

キャラMEMO

キーワード	心、感情、気持ち、本心、潜在意識、無意識、自分自身、人の心、大衆、ありのままの自分、私生活、プライベート、人気、体
年齢域	0〜7歳
象徴する人	母親、妻、女性、幼い子ども、赤ちゃん、男性のホロスコープにおける女性像
支配サイン	蟹座
タロットカード	女教皇
テーマ曲	シューベルトの子守歌（シューベルト）
一言メモ	弱っている時は月を癒やそう

月は、0〜7歳の幼い頃に潜在意識に刻まれて、その後、自動運動のように無意識に働く、生活のパターンや感情などを扱う天体です。また、その頃は一番、安心、安全を必要としますから、月は安心する居場所なども表します。そして、いろんなことをインプットしたり吸収したりする力があります。月は記憶装置と言っても過言ではなく、人や環境の影響を受けやすいのです。

月は自ら光を発しません。太陽の光に照らされて存在を表します。なので、積極的に頑張らなくてもできてしまうことや、何度やっても苦痛にならないことも表します。これ、面白いですよね！

そして、月は満ち欠けをします。これは、変化や不安定さを表しています。心が揺れたり、不安になったりすると、太陽ではなく、月の要素がメインに起動します。太陽よりも月のほうが色濃く出ている時は、まずは月を癒やすことをおすすめいたします。

もしも、あなたが弱ってしまったら、月のサイン、ハウス、アスペクトなどが示していることをすると、元気になります。心や体にエネルギーが流れるのです。メンタルは体の健康と密接に関わっていますからね。

水星
— mercury —
ワタクシ思考担当の水星ですキリッ
思考…?
ええそうですキリッ
あなたの思考活動やコミュニケーションの取り方、作業能力は私にかかっているのです
キリッ
へー、なんか頭良さそうですね
えっ!?
キリ、キリうるさい
ええ、まぁうふ♡
あ、笑ったキリッて言わない

太陽※が人生の方向性を示すなら
※太陽のページ参照
私はそこにたどり着くための実務担当といったところでしょうか
あっちの国へ行くべし
では、行き方を調べます
ピピッ
出ました！近道だけど楽しくはない道と
遠回りだけど楽しい道2つありますね
楽しいほうには何があるの？
はっ、詳しく調べます
美味しいものはあるのかな？
はっ
買い物できる？
はっ
出会いはありそう？
はっ
バババババッ
この天体《ひと》なかなか便利♡うまく使っちゃおー

2

☿ 水星

思考、作業、話す、書く

キャラMEMO

キーワード	言葉、思考、翻訳、書く、伝える、調べる、文章、実務能力、作業能力、コミュニケーション、神経、子ども（小中学生くらい）
年齢域	7〜15歳
象徴する人	子ども（小学生〜中学生）
支配サイン	双子座、乙女座
タロットカード	魔術師
テーマ曲	トルコ行進曲（モーツァルト）
一言メモ	スマホのように使い勝手が良い

水星の年齢域は7～15歳で小学生～中学生時代です。この期間は、読み書き、コミュニケーション、そして考えたり、作業したりと、生きる上での必要な作業が、ほぼほぼできるようになっていきます。

つまり水星は、話したり、書いたり、工夫したり、調べたり、考えたりする天体なのです。スマートフォンみたいな感じでしょうか。

ということで、あなたの思考活動、コミュニケーションの取り方、作業能力などは水星で読むことができます。

具体的には、水星のサイン、ハウス、アスペクトを見ていきますが、その前にサクッと四元素（P67）の火地風水で分けるとわかりやすいです。

水星が火の元素だと、会話や作業をする時、ワクワクや興奮を重視します。
水星が地の元素だと、会話や作業をする時、意味のないことは避けます。
水星が風の元素だと、会話や作業をする時、情報や好奇心を重視します。
水星が水の元素だと、会話や作業をする時、感情や共感を重視します。

金星
venus
愛と楽しさの世界へようこそ♡
キラーン
なんかキラキラしたところに来ちゃった…
私は金星ちゃん
かわいいものとか美しいもの、楽しいこと、面白いことがだ〜い好きなの♡
あと恋愛も♡
…

あ！あなた、私の中のフワフワな部分ね
フワフワちゃん
フワフワ言わないで！大事なことだわ
だってそのほうが人生良くない？
つまんないより楽しいほうが
うん…まあね
かわいくないよりかわいいほうが
うん
愛するより愛されるほうが
ん？
尽くすより尽くされるほうが！
くぱっ
さあ、みんな！私が喜ぶことをなさ～い
ワー
ワー
金星ちゃーん♡
金星ちゃんって根は女王様？

3

♀

金星

恋愛、お金、人間関係

キャラMEMO

キーワード	恋愛、お金、人間関係、楽しい、華やか、美しい、贅沢、面白い、趣味、好きなこと、芸術、感性、社交、美的センス、ファッション、メイク、欲求
年齢域	15〜25歳
象徴する人	女性、好みの女性、彼女、若者（高校生〜20代くらい）
支配サイン	牡牛座、天秤座
タロットカード	女帝
テーマ曲	映画「プリティーウーマン」のテーマ曲
一言メモ	楽しいことやきれいなものならお任せ！

金星の年齢域は15~25歳。かわいく輝いている時でもありますね。金星は、楽しい、好き、美しい、という気持ちや「こうなったら幸せ!」という欲求などを表します。なので、恋愛や人間関係、そしてお金も金星が関係しています。ときめいちゃうようなコトやモノは金星なのです。「ありのままの自分」は月でしたが、よそ行きのちょっとおしゃれをした感じが金星です。

金星は女性を表し、愛されたいという欲求を表します。火星が男性を表し、愛したいという欲求を表します。好きな人に、どんなふうに愛されたいかは金星を読んで、自分からアタックする時は火星を使います。

また、好きな女性のタイプは金星、好きな男性のタイプは火星で読むことができます。ここで面白いのが、妻像は月、夫像は太陽が表すのですが、金星と月、火星と太陽を比べてみると、全然タイプが違うことがあるのです。

それは、恋愛相手と結婚相手で望むものが違ったりするからです。あるいは、恋愛中と結婚後で相手の性質が変わっていくこともあります。これ、よくありますよね。「結婚する前は優しかったのに、騙された~」みたいな。それが実は、自分のホロスコープにちゃんと出ていたりしますから、面白いですよね。

太陽
— sun —
人にはいろんな面がある
いろんな自分がいるけれど
私はあなたのキーパーソン!!
あなたらしく輝けるよう人生の方向性を照らす存在ですよーっ！
ビビビッ
あっちへ行ってこんな仕事をするといい
え!?
わーいぴったりの仕事見ーっけ！
占
でしょ？私ってやっぱり影響力強いのよねー
だからさ

あなたの中の私がどんな性質か
どこへ行けば活躍できるのか
理解した上で
オー!
あなたの人生を創造《クリエイト》なさい!
ただし!あなたが弱っている時は、私も力を出せないわ
えーん
こんな時こそ頼りたいのにー
でも大丈夫!
私を使えていない人ってけっこういるの
そなの?
ガ
そんな人はパートナーが私っぽかったりするのよね
どこかで見た顔!?

4

☉

太陽

人生の方向性、仕事

キャラMEMO

キーワード	人生の方向性、仕事、未来を作る力、目的、元気な時の自分、社会と接している時の自分、自己表現、使命
年齢域	25〜35歳
象徴する人	男性、父親、夫
支配サイン	獅子座
タロットカード	太陽
テーマ曲	組曲〈くるみ割り人形〉行進曲（チャイコフスキー）
一言メモ	元気な時こそ力を発揮できる

太陽は10天体のうちでもメインの存在です。太陽系の中心でもありますから、リーダーシップを取って、光やエネルギーをほかの天体に放出していきます。つまり、太陽は、あなたが発するエネルギーなのです。あなたが社会に見せていく顔であり、人生の方向性、そして仕事を表します。

太陽のサインによってどんな性質か、太陽があるハウスによってどこで本領を発揮できるのか、太陽のアスペクトでどんな新陳代謝があるのかを読み解くことができます。

年齢域は25~35歳です。大人になって、少し落ち着き、自分を自分らしく表現していく頃ではないでしょうか。

女性の場合は、男性やパートナーに、自分のホロスコープの太陽を自分で使いつつも、相手に投影して使ってもらうことがあります。つまり、女性のホロスコープで夫像を太陽で読み解くこともできます。面白いですよね！

ちなみに、元気な時は太陽をしっかり使っていますが、弱っている時は月モードに切り替わっていることも。しっかり自分を癒やしましょう。

火星
—mars—
ある時、キャメ子は思った
占い師として自分の力を社会のために役立てたい
その言葉を待ってたぜ!!
ゴーーッ
やる気の天体火星《オレ》の力を使うがいい!!
火星さん
合体!!
え!?
えぇーっ!?
合体完了!!

猛勉強
ゴゴッ
猛鑑定
ゴゴッ
猛執筆
ゴゴッ
う…
少しは
休みたい
かも…
そんな時は
ミントタブレット
だーー!!
ガーッ
ひーっ
刺激的ーっ
手が
勝手に!?
続いて
唐辛子!!
ひーっ
ひーっ
…
見ていたら
腹が減って
きた
かーえろっと
ON
OFF
激しいな

5

♂

火星

行動、衝動、興奮

キャラMEMO

キーワード	行動、興奮、活力、稼ぐ力、集中力、筋肉、瞬発力、勢い、スピード、戦闘能力、攻撃、喧嘩、怒り、やる気、元気の源、エネルギー、スポーツ、切り込む、手術、欲望（能動的）、アピール力
年齢域	35～45歳
象徴する人	男性、好みの男性、彼氏
支配サイン	牡羊座
タロットカード	塔
テーマ曲	映画「トップガン」のテーマ曲
一言メモ	運動して痩せたい時も頼って！

火星は衝動や行動の天体です。どんなことに興奮するのか、行動するのか、集中するのか、やる気が出るのか、怒るのかといったことが、火星のサイン、ハウス、アスペクトで読み解いていくことができます。

能動的で熱く、自ら動いていきます。瞬間湯沸かし器のようだったり、カ～ッと怒ったりする感じも火星です。スポーツ、闘い、好きな人を口説く、アピールする、あるいは、切ったり削ったりする道具、武器なども火星の領域です。

ただ、ずっと興奮したり動いたりしているわけではありません。火星にスイッチが入る時と、入っていない時があります。

火星はやる気の天体なので、集中して勉強や仕事をしたり、稼ぐ力として使ったりすることもできます。「鉄は熱いうちに打て！」の熱い状態が火星です。

また、金星のところにも書きましたが、火星は好みの男性のタイプを見ることができます（P33）。愛されたい天体が金星、愛したい天体が火星です。火星は能動的ですから、周りに自分をアピールしたり、好きな人を口説いたりする時は火星を使います。ちなみに、出会いの場を知ることもできます。金星があるハウスでは女性との出会い、火星があるハウスでは男性との出会いが期待できます。

木星④
—Jupiter—
取り出しましたこのビスケット1枚が
あっという間に2枚に！
わっ♡増えた!?
すごーい！
魔法!?
私の到来はチャンスの証♡あなたの願いも叶えましょうか？
えー、りりんですか!?
給料アップ！
結婚したい！
子どもも欲しい！

いいでしょう それーっ！
わーい
すごっ！
24
10000
木星さん!! 私もお願いいいですか!?
ハイハイハーイ
このぜい肉を何とかして欲しいんですけど!!
ダブダブでー!っ
いいでしょう それーっ！
ポン
え!?
「増やし専門サロンJupiter」!?
XXXX-
11《いい》-2848《ふやしや》
今すぐTelしてね♪
jupiter

6

♃

木星

拡大発展

キャラMEMO

キーワード	拡大発展、広げる、増える、緩める、寛大、楽天的、肯定的、「いいね!」、許可、海外、社会性、公的
年齢域	45〜55歳
象徴する人	外国人、太っている人、社会的成功者、優しい人
支配サイン	射手座
タロットカード	運命の輪
テーマ曲	組曲〈惑星〉木星(ホルスト)
一言メモ	何でも増やすのが得意!

木星は拡大発展の天体です。何でも肯定して増やしてくれるので、幸運の天体と呼ばれています。

とても大きくて影響力のある天体ですから、海外とか、公認、公的などという意味合いもあります。

要は、大きく広がったり、みんなに認められたりしやすいことを担当しています。木星のサイン、ハウス、アスペクトを読むことで、頑張らなくても、楽に発展したり、認知されたり、豊かになったりすることがどんなことなのかがわかります。

ただ、良くも悪くも、広げすぎてだらしなくなったり、ルーズな要素として出てしまったりすることも若干あります。

木星は射手座の支配星ですが、射手座は楽観的かつ、今ここにないものを求めて、どんどんチャレンジして視野を広げていくサインです。

タロットカードは、運命の輪のカードにリンクします。このカードはチャンス到来を示すカードで、物事がとんとん拍子に進むことを意味しています。

土星
—saturn—
子どもの頃
なぜかすごく
苦手な子がいた
オーイ
キャーッ
来ないでーっ
私は
必死で走って
何とか逃げた
いないから
帰ろーっと
ほっ
あの時は怖かったなー
今思い出してもぞっとする
10代
20代
30代
ガチャ
よぉ！
久しぶり
ズーン
ギャーーッ

また会ってしまった!!
よっこら
オイオイ何だよそのシケたツラは?久々の再会なのに
な、なんでここにあんたがいるのよ!? どっかに消えてよ!
ムッ! お前…オレを嫌いすぎじゃね?
だってー
オレは別に敵じゃない
オレはよー お前の「人生の課題」なんだ
人生の…課題?
そ! 成長するためのな
だから逃げても消えることはない
だが、越えて行くことはできる
やってみるか?
応援するぜ?
ゴクリ…

7

♄

土星

ルール、抑圧、遅れ

キャラMEMO

キーワード	ルール、枠、プロ、冷やす、固める、減らす、削ぎ落とす、形にする、忍耐、慎重、継続力、管理力、保守的、義務、コントロール欲求、資格、こだわり、真面目にコツコツ、常識、時間がかかる、定番、時計のような正確さ
年齢域	55～70歳
象徴する人	先生、師匠、目上の人、年配の人、苦手な人
支配サイン	山羊座　タロットカード　世界
テーマ曲	ボレロ（ラヴェル）
一言メモ	無駄な物事を削ぎ落とす役割がある

土星は先生です。何かわからないけれど「ちゃんとやれ！」と、勝手に怒られているような感じがします。だから、土星のサイン、ハウス、アスペクトに関してやたらビクビクしがちなのです。土星に関することに、苦手意識があったり、避けたかったり、開発が遅れたり……という感じです。生まれる前に設定してあった、この世のゲームの醍醐味の部分なのかもしれません。上下関係や義理人情、礼儀など、どこか頑固ジジイ的な、型にはめ込まれそうな何かも土星なのです。

コツとしましては、やたら逃げずにしっかり向き合うことで、その分野のスペシャリストやプロになることができます。ずっと避けていると、状況が変わっても同じような壁として目の前にやってきます。それが如実に現れるのが、土星回帰※（サターンリターン）といって、30歳前後と60歳前後になります。ここで、見て見ぬふりをしてきたことが「もう逃げられない！」という状況で出てきます。

この時期にしっかり向き合うようにすれば、いろんなことが明確になり、闇から解放されたり、しっかり形になったりと、いい状態にシフトすることができます。

土星回帰の期間は2年半ほど続きます。最初は拒絶反応があるかもしれませんが、逃げずに早めに向き合うと、早めに軌道修正が終わるのでいいですよ！

※土星回帰とは、生まれた瞬間の土星の位置と同じ位置に土星が巡ってくることをいい、この時に人生の軌道修正が起きます。人生にとても必要かつ、ありがたい軌道修正ともいえるでしょう。土星回帰の試練に関しては、土星があるハウスで読むとわかりやすいです。

天王星
—uranus—
手を合わせて
いただきます!
また
お父さんだけ
1品多い!
ズルイ
キャメ男!
三角食べは?
好きなのだけ食べないの!
ピ
はい!
そこ、
古ーい!!
誰!?
お父さんが
エラぶる時代は
終わったよ!?
これみんなで分けよ?
好きなように
食べたほうが
美味しくない?

古い常識をうのみにしないで！
大切なのはFreedom！
そしてOriginality！
ってゆーかど真ん中のこの柱邪魔だわね
キラン
わっ！ 何を!? それは大黒柱だぞ!!
キャーーッ
家が倒れ……
ません！ほら、柱がないほうがテレビも見やすいしいいでしょう？
ホントだ
その柱、意味なかったのか…

8

♅

天王星

独立、オリジナル、刷新する

キャラMEMO

キーワード	枠を越える、自立、独立、オリジナル、個性、所有しない、シェア、フリー、普遍的、刺激、一定の距離感、ルール外、機械・IT関係、ネット、システム、変化、刷新、改革、隔世遺伝
年齢域	70～85歳
象徴する人	同世代の人、友人、自由人
支配サイン	水瓶座
タロットカード	愚者
テーマ曲	星条旗よ永遠なれ（スーザ）
一言メモ	得意技は「刷新！」

天王星は、「独立・オリジナル・刷新する」の3点セットです。土星は、ルールや枠でしたが、その枠を越えていくのが天王星。現在の常識は、時代が変われば非常識になります。土星から見ると天王星はマイノリティーですが、世界全体から見ると、実は、天王星のほうが視野が広く、理解されやすいのです。つまり普遍的なのです。土星は閉じた世界、天王星は開かれた世界といいましょうか。

天王星は刺激や変化を好み、若干衝動的です。ルールに従うのがあまり好きではなく、自由を重んじます。縦よりも横のつながりを重視します。個性豊かで、オリジナリティーを発揮します。所有よりシェアを好み、雇用されるよりフリーで働いたり、起業したりする派でしょう。独自性があって、自立しています。

また、既存の状態ややり方を刷新するのが得意です。すべて丸ごと変えるのは冥王星なのですが、天王星は刷新なのです。

天王星のマークは電波みたいですよね。IT関連や電気、人工的なものも天王星です。世界中の人とサクッとつながれるのも、天王星っぽいですよね。

天王星は1つのサインに7年くらいいるので、同世代の人は同じサインの人が多いです。世代的な傾向や流行は、天王星のサインを見るとわかります。

海王星
—Neptune—
ここはどこ?
何もない…
はぁ
はぁ
どこまで行っても終わりもない
ああ水が飲みたい…
のどがカラカラ…
フワッ
えっ? 水…!?
なんで?
ま、なんでもいーや
いただきまーす!
ブクッ
ザッパーン
キャーッ
何コレー!?

ホホホ
ここは海王星イメージの世界なの
あっという間に海みたいに…
思い1つで変幻自在よ
例えばその水飲んでごらん
あ！甘い!?水じゃなくなっている！
私がイメージでカクテルに変えたのよ
ここは無制限の世界だから好きなだけお飲みなさい
わーーい
くわ！
ホホホ ただし夢に酔って溺れないよう要注意！
バイバーイ

9

♆

海王星

無制限、誇大妄想

キャラMEMO

キーワード	時空を越える、ファンタジー、芸術、夢、不思議、妄想、イメージ、癒やし、液体やお酒関係、薬関係、幻想、スピリチュアル
年齢域	85歳以上
象徴する人	芸術家　夢見がちな人
支配サイン	魚座
タロットカード	吊るされた男
テーマ曲	タイスの瞑想曲（マスネ）
一言メモ	どこからどこまでという制限を設けない

天王星は枠越えの天体でしたが、海王星は時空をも越えていきます。制限はもはや存在しません。妄想の天体でもあり、噂、不安、心配、誇大妄想や夢見心地なども海王星です。イメージから生み出される芸術や、スピリチュアルなこと、お酒や薬物など、感情やイメージが広がるものも海王星です。海王星はいかりのマークをしていますから、海、水、液体関係も海王星の領域です。

イメージや妄想は、占いや芸術などで有効活用できますが、不安や心配のほうに使ってしまうと苦しむことになります。海王星の海に飲み込まれないように、上手にイメージをサーフィンしていきましょう。

海王星は1つのサインに10年くらいいますから、世代天体です。海王星が同じサインの人たちの世代的な傾向なども読み解くことができます。

海王星は制限がない天体なので、例えば、お金の2ハウスにあれば、お金が無制限に入ってくることもあれば、いつの間にか稼いだお金が消えてなくなっていることもあります。人間関係やパートナーの7ハウスにあれば、出会いが無制限と出る人もいれば、パートナーがどこかに行ってしまうと出る人もいます。天体やサインにはいろんな意味があるので、人によって解釈は変わってきます。

冥王星
― Pluto ―
ここから先は
2択だよ！
お前の運命は
この2枚の
カード次第さ
つまり
女王になるか!?
それとも
Mijinko
ミジンコか!?
何て
極端な…
くっ…
い、いいえ
大丈夫
私は女王の
星のもとに
生まれた女！
自信を持って
これ!!

ミジンコだ!!
きゃああああああっ
Mijinko
あーっはっはっは
今日から
ミジンコとして
生きていきな!
ヴ…
私は女王…
こんなところで
終わって
なるもんかぁ…
100年後
人間ども!
貢ぎものをここへ!!
ははーっ
大変革
しおったわ

10

♇

冥王星

0か100、徹底的、丸ごと変える

キャラMEMO

キーワード	0か100、丸ごと変える、あきらめない、とことん、徹底的に、火事場の馬鹿力、威圧感、最終兵器、強制力、限界突破、極限状態、復活力
年齢域	死後の世界!?
象徴する人	先祖、黒幕、考古学者
支配サイン	蠍座
タロットカード	最後の審判
テーマ曲	ツァラトゥストラはかく語りき（シュトラウス）
一言メモ	覚悟を決めて手放すと未来は明るい

冥王星は、強烈なインパクトを持つ天体です。「0か100・徹底的・丸ごと変える」の3点セットです。

普段は0の状態なので何も反応がなくても、何かのきっかけや、極限状態になった時にいきなりスイッチがONになります。すると、一気にエネルギーが100になるのです。火事場の馬鹿力やスーパーサイヤ人とでもいいましょうか。大化けするのです。

そして、何事もあきらめません。徹底的にやります。

また、丸ごと変えます。天王星は刷新でしたが、冥王星はすべてがまるっと変わります。そして、全部変わる時には何かを手放さなくてはいけなくなります。その時に手放すものに執着してしまうととても苦しいことになりますが、思いきって覚悟を決めて手放すと、明るい未来が待っています。

冥王星は1つのサインに13~29年くらいいますから、時代の傾向なども読み解くことができます。

ちなみに、冥王星のアスペクトで60度や120度は、そのアスペクトでつながっている天体を回復させることができるのです。すごいパワーですよね。

Column

2

「天体」と「サイン」には相性がある！

「天体」と「サイン」には相性があり、これを「品位」といいます。

良い相性だと、サインのいいパワーを存分に発揮することができ、良くない相性だと、なかなかうまく発揮できません。それぞれの相性の意味は、以下のとおりです。

○ドミサイル

天体が支配星になっているサインとの組み合わせは、天体が本来の居場所に存在するので、相性は良好です。

○エグザルテーション

天体とサインの相性がめちゃくちゃ良く、最高のパフォーマンスを発揮しやすいです。

×フォール

このサインだと天体の居心地が良くないので、サインのいいところを発揮しにくくなります。

×デトリメント

天体とサインの相性が良くないので、サインのマイナスな要素が顔を出しやすくなります。

【品位一覧表】

サイン	ドミサイル	エグザルテーション	フォール	デトリメント
牡羊座	火星	太陽	土星	金星
牡牛座	金星	月		火星
双子座	水星			木星
蟹座	月	木星	火星	土星
獅子座	太陽			土星
乙女座	水星	水星	金星	土星
天秤座	金星	土星	太陽	火星
蠍座	火星		月	金星
射手座	木星			水星
山羊座	土星	火星	木星	月
水瓶座	土星			太陽
魚座	木星	金星	水星	水星

第3章

12サインのキャラ図鑑

グループ分けの基本

10天体（月、水星、金星、太陽、火星、木星、土星、天王星、海王星、冥王星）が、12サイン（牡羊座、牡牛座、双子座、蟹座、獅子座、乙女座、天秤座、蠍座、射手座、山羊座、水瓶座、魚座）のうちのどのサインになっているかは、人それぞれです。それらをグループ分けすることで、自分がどんなタイプなのかがわかります。

12サインを2区分、3区分、4元素に分けていきます。これは、基本中の基本としてまずは頭に入れておいてください。単純な分け方なので、とても簡単です。

2区分

2区分は、男性っぽいか、女性っぽいか、つまり能動的なタイプか受動的なタイプかを、ざっくり分けることができます。

12サインに番号をつけて、奇数が男性（能動的）、偶数が女性（受動的）になります。

1 ♈ 牡羊座
2 ♉ 牡牛座
3 ♊ 双子座
4 ♋ 蟹座
5 ♌ 獅子座
6 ♍ 乙女座
7 ♎ 天秤座
8 ♏ 蠍座
9 ♐ 射手座
10 ♑ 山羊座
11 ♒ 水瓶座
12 ♓ 魚座

ここは簡単なので、次に進みますね。

3区分

12サインは、4サインずつ「活動」「不動」「柔軟」の3つに分けることができます。

活動サインは、「泳ぎ続けるマグロ」。牡羊座、山羊座、天秤座、蟹座です。自ら常に働きかけたり、動いたりしている雰囲気。受け身にはなりません。新しいことを始めるのは好きですが、続けるのが苦手で、飽きがちです！また、速さを求めるので、せっかちなところがあります。人にも速さを求めてしまうと、相手を急かすことにもなるので注意が必要です。

不動サインは、「維持と安定」。獅子座、牡牛座、水瓶座、蠍座です。同じことの繰り返しができます。1つのことを長く続けたり、物事を安定させることができたりします。変化はあまり好みません。ある意味、「テコでも動かない！」という言葉は不動サインのためにあります。

柔軟サインは、「柔軟剤の役目」。射手座、乙女座、双子座、魚座です。間に入って調整することを得意とする柔軟剤のような機能があります。

相手の出方や状況によって、臨機応変に対応することができますが、若干振り回されながら、レベルを上げていきます。受け身体質で、自ら働きかけることはあまりありません。優しくて優柔不断なところがあります。

4元素

12サインは、3サインずつ「火」「地」「風」「水」の4つの元素に分けることができます。

火のサインは、「テンション」。牡羊座、獅子座、射手座です。

火は、精神的な興奮を象徴します。ドキドキ、ワクワクなど、テンションが高くなると、どんどん炎は上に燃え上がっていきます。

スポーツに例えると、活動で火の牡羊座は、ドキドキ、ワクワクのまま山登りを好み、不動で火の獅子座は、同じ表現を繰り返すことで興奮したりさせたりするフィギュアスケートを好み、柔軟で火の射手座は、相手の出方によってこちらの作戦を変えていくサッカーをするといったイメージでしょうか。

地のサインは、「物質」。山羊座、牡牛座、乙女座です。

地は、この3次元の世界で現実的に確認できるもの、しっかり形になるもの、肉体、お金、不動産、仕事など、具体的なメリットが大事なサインです。

活動で地の山羊座は、仕事の努力を惜しみません。不動で地の牡牛座は、繰り返すことで質を上げていきます。柔軟で地の乙女座は、対象にとって役に立つことを提供していきます。

風のサインは、「情報」。天秤座、水瓶座、双子座です。

自由に動き回る風は、いろんな情報や知識、人のご縁を広げていきます。火は上昇しましたが、風は横に広げていくのです。ですから、窮屈な感じや束縛を嫌います。風通しが悪くなりますからね。

活動で風の天秤座は、新しい情報や人を連れてきます。不動で風の水瓶座は、「これだ！」と思うことを繰り返します。柔軟で風の双子座は、臨機応変に情報を収集したり人に会ったりしていきます。

水のサインは、「くっつく」。蟹座、蠍座、魚座です。

水は、心を表し、気持ちのつながりを重要視します。コップの中の水のように結合し、気持ちのつながりを大切にします。

活動で水の蟹座は、感情がひっきりなしに湧き出てきます。不動で水の蠍座は、対象と心を一体化させてそれを固定させます。柔軟で水の魚座は、状況によって心が揺れ動きます。

それぞれ、1つの元素だけでなく、レベルを上げるには、ドキドキ、ワクワクすることにチャレンジする火、具体的な形にするのには、現実的な細かい視点を持つ地、人や情報を取集して拡大させるには風、共感を得るには感情の水の協力が必要になります。

4元素の関係性

- 火が燃え上がるには、風の酸素が必要です。風は、火がさらに燃え上がると、風を吹かせて四方八方に広げていきます。お互いに煽っていく感じですね。
- 水は、地の形ある場所、例えば、コップなどの入れ物がないと、くっつけません。地の大地は、水によって潤いが与えられます。
- 水は火を消し、火は水を蒸発させます。
- 火は形ある地を焼いて、地は火を囲って火力を弱らせます。
- 風は水を乾かして、水は風を湿気でよどませます。風通しが良くないとカビも生えます。
- 風は形ある地をバラバラにして、地は風通しを制限させます。

ストレスがある元素同士も、お互いの要素を取り入れることで、成長&進化することができます。

2区分、3区分、4元素については、ホロスコープを読むインターバルとして、軽い感じでサクッと読んでいきましょう。深読みすると抜け出せなくなることがありますからね。バランスがいい人もいれば、極端に偏っている人もいます。バランスが極端な人は、0の部分の要素が逆に色濃く特徴として出てきたり、数が多い要素が全然使えなかったりと、働きが逆転することもあります。

また、自分にない要素を無意識のうちに補おうとして、逆に得意になっていく人もいれば、その要素を持った人と関わることで補ってもらうこともあります。

さて、ここまでのことを理解した上で、12サインそれぞれのキャラを詳しく見ていきましょう。「キャラMEMO」の部分に、3区分、4元素はそれぞれどれになるのかも入れておきますので、頭がこんがらかってきた時は、一番大枠のグループ分けのことを思い出してみてください。こんがらかった糸がほどけていきますよ。

牡羊座
—Aries—
なんか
新しいこと
やりたく
なってきた！
ピンときたら
即行動
例えば、自転車で
太平洋横断
とか!!
ええ!?
ど、どう
やって!?
それは
やりながら
考える!!
ちゃんと
考えてから
やらないと
失敗する
よーっ!!
ひゅ〜

ブクブクブク
ぶはっ
失敗したーっ
でしょうね!
でも失敗しながらもチャレンジし続けるのが牡羊ちゃんのいいとこね♡
そ、そうよね!?
陸がダメなら空から行こう
たくさんの風船で!!
わら わら
面白そう
お手伝いしましょーか
ありがとう
せっ
あーでもない
こーでもない
せっ
ついに完成だ!!
なんか私は満足しちゃった♡誰か乗っていーよ
熱しやすく冷めやすいの!?

1 ♈ 牡羊座

新しいことを始める

キャラMEMO

支配星	火星（行動、衝動、興奮）
4元素	火
3区分	活動
対応する体	頭、目
テーマ曲	アイネ・クライネ・ナハトムジーク（モーツァルト）
一言メモ	純粋で素直。気持ちが体より先走りがち。維持するのは苦手。

●新しいことが大好き　新しいことや状態にテンションが上がります。

●純粋で素直　心の状態がそのまま顔に出がちです。熱しやすく冷めやすいので、自分が言い出したのに面倒くさくなることも。その時々で素直ということです。

●心のテンションが行動力　ワクワクすると素早く行動しますが、イライラした時も、それをすごいエネルギーに変えて行動に移していくことができます。

●心のスピードが速い　魂がしっかり体に定着していない赤ちゃんのような性質を持っているので、ケアレスミスをしたり足先をぶつけたりしがち。ただ、このスピードを、周りの人にも求めてしまうと、ストレスの原因になります。

●直感力がある　ふとした時にいろんなことが降りてきます。心のテンションが上がればすぐに行動に移せるので、チャンスをつかみやすいといえるでしょう。

●良くも悪くも、熱しやすく冷めやすい　興奮するとある意味、猪突猛進になります。イライラが募ると、反抗的になったり、思ったことを口にして失敗したりすることも。しかし、嫌なことがあっても、あまり引きずることはありません。体に例えると、牡羊座は頭や目です。カ～ッと興奮したりすると「頭を冷やしてこい！」というシーンがよくありますが、あれは牡羊座っぽいですね。

牡牛座
—Taurus—
お待たせしました
私が外科医の大門です
カッ
カッ
カッ
ドクターW!? 待ってました!!
患者はこちらね
ではまず質問を
痛みはいつから?
昨日からです
本当に?
ほかに痛むところは?
ないようです
本当? 絶対? 間違いない?
信じられない! やっぱり自分で触って確かめないと

いや、でも早くしないと……
う〜ん う〜ん…
おだまりなさい 大門先生は慎重なんです
え？ そうなんですか？
いかにも私、失敗し……
たくないので
何!? あんた本当にあの大門先生か？
は？ 何言ってるの？
何言ってるの？ 私は安全第一！ 大門牛子よ
安心・安全
人違い!?
ギャー

2

♉

牡牛座

五感と所有

キャラMEMO

支配星	金星（恋愛、お金、人間関係）
4元素	地
3区分	不動
対応する体	のど、首
テーマ曲	主よ人の望みの喜びよ（バッハ）
一言メモ	維持や安定を好み、変更や変化は得意ではない。

● 五感が優れている　美味しい、手触りがいい、いい香り、気持ちいいなどの感度を生かして、音楽や料理、手先を使うなどの仕事についている人も多いです。

● 安全第一　慎重に物事を進めます。石橋を叩きすぎて壊してしまうことも。あれもこれもやりたいと言いつつ、なかなか行動に移しません。チャンスをつかんだり、状況を打破したりするには、失敗を恐れずに進むことも大事です。

● 疑い深い　目で見て触ったり体験したりしないと信じないことが多いです。

● 繰り返して自分のものにしていく　五感を使って体験、体感することで自分のものにしていきます。繰り返しながら、精度やレベルを上げていきます。

● クオリティ重視　質の素晴らしさに注目します。外見にとらわれず、本質を見抜く才能があり、量より質を大切にします。

● マイペースで頑固　素早さよりも、丁寧さや着実さに重きを置きます。若干、スロー体質で急かされるのは苦手。おっとりしていたり、時間がかかると思われたりすることがあります。こう！　と思ったことは、あまり意見を変えません。

● 所有欲が強い　一度手にしたものに対する所有欲が強いです。何かを手放す時は苦痛を感じやすいです。

双子座
—Gemini—
見たい！聞きたい！
キョロ
キョロ
知りたい！
今日、ご飯食べて帰らない？
ごめんテニスを習い始めちゃって
え!?テニス!?
楽しそう!!私たちもやってみたい！
次の土曜日みんなで飲み会しない？
ごめん英会話の日なんだ
え!?英会話!?
私たちもやってみたい！

次の連休温泉行かない？
あ！お茶のお稽古が！
え!? お茶!?
私たちもやってみたい!!
双子座ちゃんは好奇心旺盛だねー
でも……
双子座さんも少しは慣れてきましたね
シャカ シャカ
シャカ シャカ
お茶……飽きた!!
慣れる頃には飽きちゃうのよね
ドドドドドドッ
習い事の残がい

3

♊
双子座

見たい、言いたい、聞きたい

キャラMEMO

支配星	水星（思考、作業、話す、書く）
4元素	風
3区分	柔軟
対応する体	肺、肩
テーマ曲	歌劇〈魔笛〉パパゲーノとパパゲーナのアリア（モーツァルト）
一言メモ	風通しの良さを重視し、知識や情報、人間関係を臨機応変に取捨選択。

● 好奇心旺盛　見たり、聞いたり、話したり、調べたり、試したりと、広く浅く経験したいので、新しいことや面白い情報、楽しい人など、さまざまなことに興味を示します。ただし、手を広げすぎて、どれも中途半端になることもあります。

● 慣れると違うことをしたくなる　同じことの繰り返しや、1つのことだけをするのは苦手。逆に、いくつかを同時進行できる器用さを持っています。

● 気が変わりやすい　その時々で興味の対象が刷新されていくので、前回と今回で言っていることが違う！　ということも。また、本来の目的以外の場所に行ったり、お目当てのもの以外を買ったりと、寄り道が多いです。

● 頭の回転が速くノリがいい　話を少し聞いただけで、わかったりします。また、1つの情報に固執せず、サクッと方向転換ができたりもします。

● 新しく便利で簡単なものが好き　いろんな物事を試したいタイプですから、新鮮なもの、便利なもの、そして簡単なものが大好きです。

● フットワークが軽い　いつも新鮮な空気を吸って、お気軽にいろんなところに顔を出せる身軽さが、双子座を楽しく輝かせます。束縛されるのはNGです。

● 負けず嫌い　周りにライバルがいると、レベルを上げていくことができます。

蟹座
— Cancer —
Aちゃん ピアス一緒だ！
あ！
お揃い 嬉しいね♡
ウフ♥
そう、私は 人と一緒が 嬉しい蟹座です
ねえ、みんな 次の土曜、うちで ホームパーティーしない？
わー♡ いいんです かー？
うれしー♡ さすが 蟹座先輩
ごはんも 作っとくね
ワイ ワイ
お待たせー

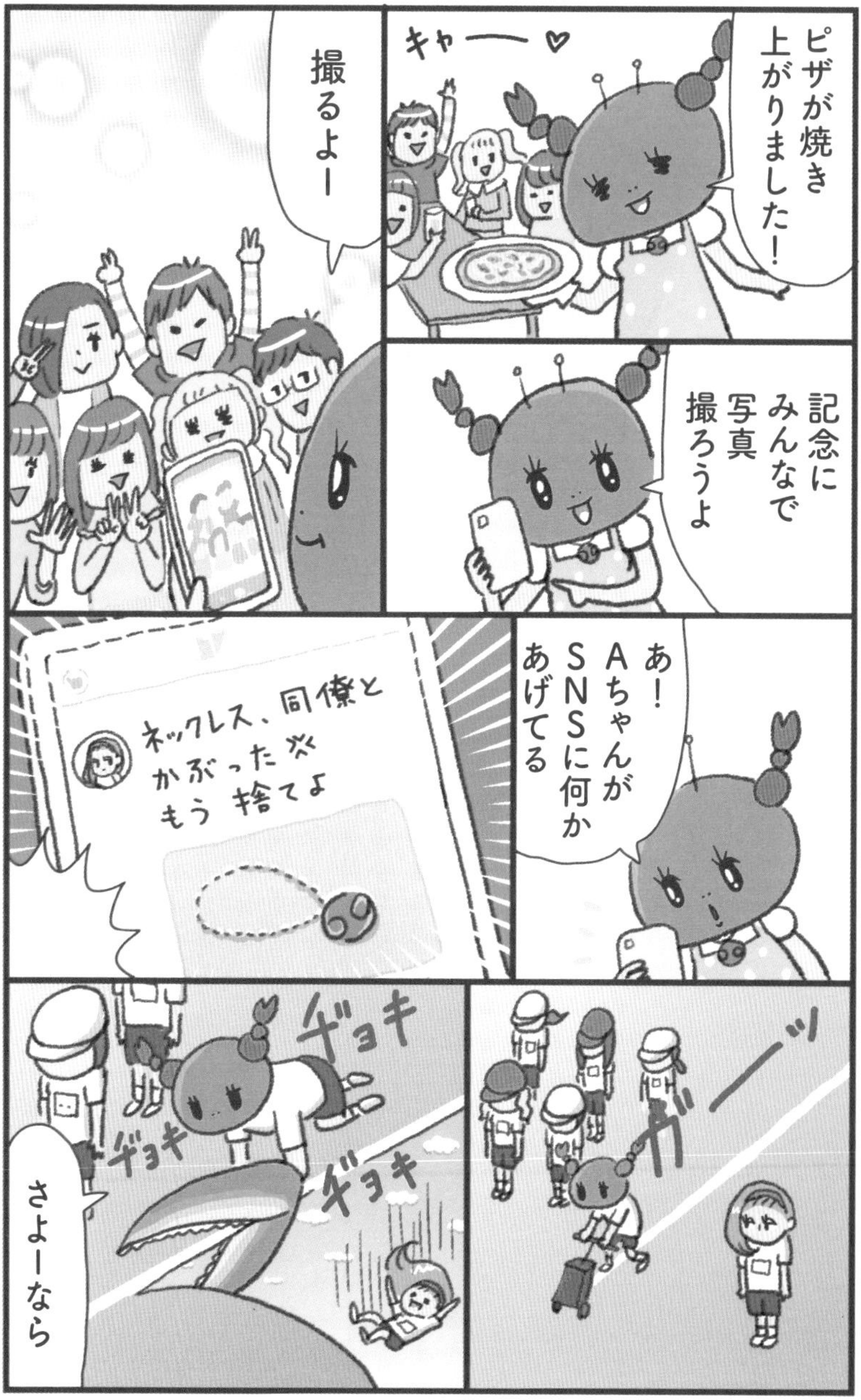
ピザが焼き上がりました!
キャー♡
撮るよー
記念にみんなで写真撮ろうよ
あ! AちゃんがSNSに何かあげてる
ネックレス、同僚とかぶった笑 もう捨てよ
ギョキ
ギョキ
ギョキ
さよーなら
ガーーッ

4

♋

蟹座

「一緒だね！」が好き

キャラMEMO

支配星	月（心、体、私生活）
4元素	水
3区分	活動
対応する体	乳房、胃
テーマ曲	愛の夢 第3番（リスト）
一言メモ	大切な人や居場所を求め、積極的に感情を使っていく。

感情豊か　感情がとどまることなく湧き出てきます。愛を上手に表現できる人もいれば、おせっかい、過保護、ヒステリックな形で出てくることも。この感情の波をサーファーのようにうまく乗りこなせる人もいれば、振り回されてしまう人もいるでしょう。

敵味方がはっきり　蟹の外側は硬い甲羅でできていて、内側は柔らかいです。自分が認めた仲間に対しては、とても親切で、思ったことや感じたことを共有し、保護的で母性的。しかし、異質な人やものに関しては、冷たくあしらいがちです。怒りに触れたら、蟹のハサミでちょっきんすることも!? ある意味、子どもを守る母親のようです。

模倣能力　いろいろと取り入れる力があり、模倣能力に優れています。いいと思うことをどんどんインプットして、自分のものにしていきます。ですので、世の中の流行を作り出しているのも蟹座だったりします。

かわいらしいものが大好き　支配星が女性や幼い子ども、そして生活を表す月なので、女性や子どもに受けそうなかわいらしいもの、生活雑貨や、家庭的なものも蟹座とリンクします。

獅子座
—Leo—
スポットライトに当たりたい！
喝采を浴びたい！
目立ちたがり？
え？ いや、てゆーか
持ち前のクリエイティブさを認めてもらいたいだけだけど……
だって……思えばボクの人生子どもの頃から暗かった
ズーーン
え!? そうなの？

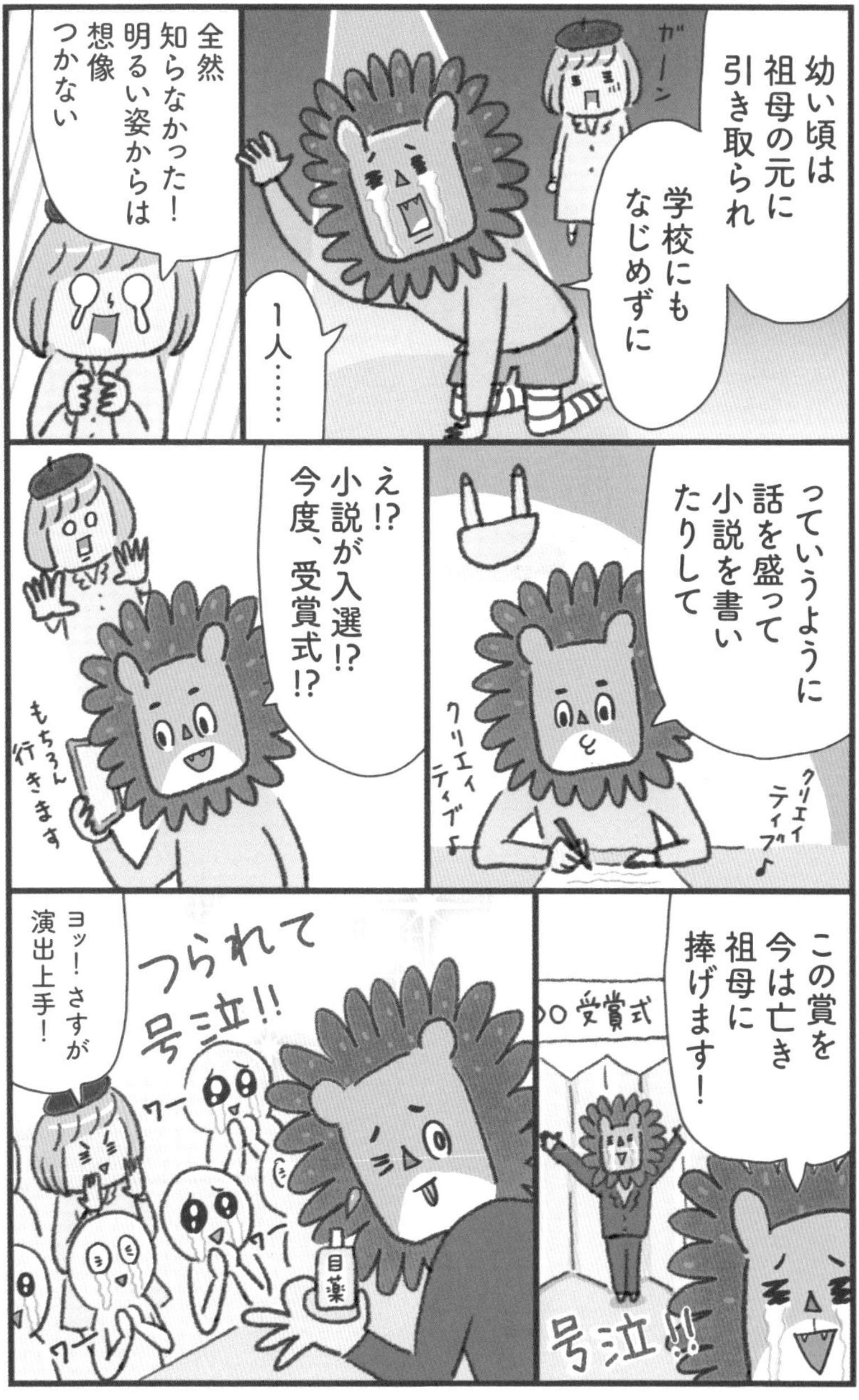
幼い頃は祖母の元に引き取られ
学校にもなじめずに
ガーン
1人……
全然知らなかった！明るい姿からは想像つかない
っていうように話を盛って小説を書いたりして
クリエイティブ♪
クリエイティブ♪
え!?小説が入選!?今度、受賞式!?
もちろん行きます
この賞を今は亡き祖母に捧げます！
○○受賞式
号泣!!
つられて号泣!!
ヨッ！さすが演出上手！
ワー
ワー
ワー
ワーン
目薬

5

♌

獅子座

ドラマチック!

キャラMEMO

支配星	太陽(人生の方向性、仕事)
4元素	火
3区分	不動
対応する体	心臓、動脈
テーマ曲	交響曲〈第5番〉運命(ベートーヴェン)
一言メモ	嬉しい、楽しい、ワクワクなどを求め、繰り返し味わうことを好む。

●存在感がある　支配星が太陽系の中心である太陽ですから、どこにいても、ちょっと目立ってしまう存在感があります。ある意味、中心人物であり、「目立ってなんぼ」のサインです。しかしながら、ちょっと間違ってしまうと、裸の王様モードになることも。

●何事もドラマチック　嬉しい時も悲しい時も主人公！　ドラマチックにその出来事を感じて堪能していきます。辛い時に悲しい音楽をかけて、より盛り上がろうとするようなところもあります。

●オーバー表現　事実よりも話をふくらませたり、オーバーに表現することで人を楽しませようとするところがあります。

●スポットライトが必要　仕事でもプライベートでも、自分自身または自分の作品などがほめられたりスポットライトが当たったりすると、イキイキと輝きます。

●クリエイティブ　支配星の太陽は、自ら光を生み出して放出していきます。ですので、獅子座はとても創造力が豊かです。

●童心　子どものように無邪気で純粋なところがあります。また、劇や映画、遊園地など、エンターテインメント好きにも獅子座の人が多いでしょう。

乙女座
—Virgo—
こんにちは人様のお役に立ちたい乙女座です
乙女座ちゃんこれ、お願い！
こっちも手伝って！
オレもオレも！
はーい
実務能力の高い乙女座ちゃん引っ張りだこだね
でも大丈夫かな
げっそり

キャーッ
心配した通りに!
自己犠牲モード
は不健康よ
ギラン
あっ
乙女座ちゃんの
チェック機能
モードが
暴走し出したーっ
長所……
短所……
長所……
短所……
長所……
短所……
あなたは
あーで
ビシッ
あなたは
こーで
ビシッ
うっ……
辛辣
はっ
そうなる
前に
取捨選択を

6

♍

乙女座

人の役に立ちたい

キャラMEMO

支配星	水星(思考、作業、話す、書く)
4元素	地
3区分	柔軟
対応する体	小腸、大腸
テーマ曲	素直な心(ブルグミュラー)
一言メモ	具体的に役立つことを好み、相手の出方によって臨機応変に調整する。

● 人の役に立ちたい　人の役に立つことが好きです。ただ、その人なりに何かしらのメリットがないと心が疲弊してしまうことも。また、相手に合わせていくことができるので、きちんと自分の意見を言わないと、肝心なことが断れず、自己犠牲モードになってしまうことがあります。

● 実務能力が高い　ある程度、いろんな仕事を器用にこなします。そして、相手の要求に対応していくことができます。

● 分析力がある　細かいところが目につくので、分析したり研究したりすることが得意ですが、逆にいうと、辛辣なところもあります。

● 優柔不断　なかなかの優柔不断です。選択肢がたくさんあると、決められなくてストレスを感じることもあります。

● 手先を動かすと元気になる　気分が落ち込んだ時は、手先を動かすような細かい作業をすると、瞑想状態のようになって、頭の中が整理されるでしょう。

● 管理能力がある　その人にとって、必要なものとそうでないものをしっかり見極めて整理し、管理することができます。しかしながら、不必要なものを詰め込みすぎると、身動きが取れなくなってしまいます。

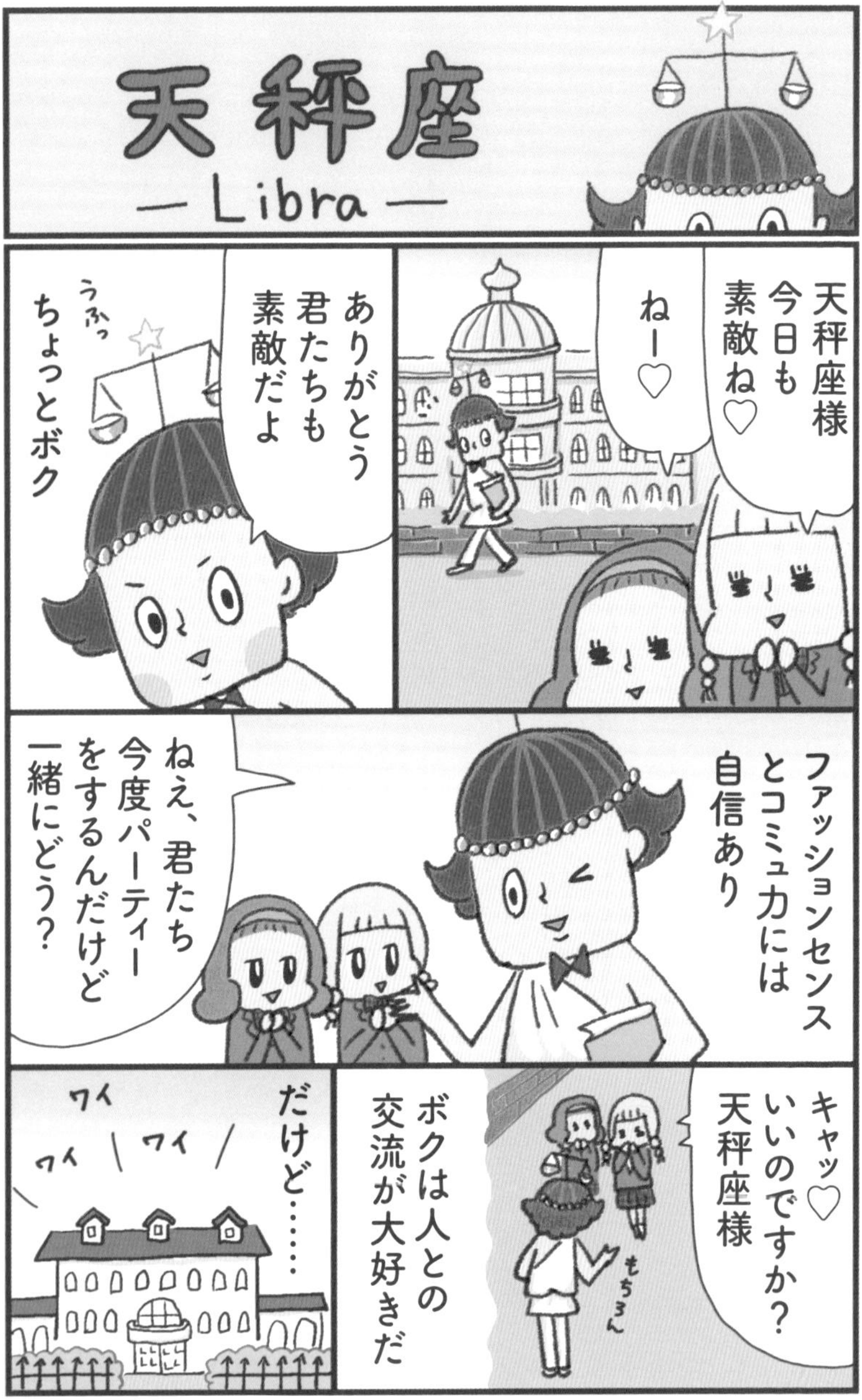
天秤座
—Libra—
天秤座様今日も素敵ね♡
ねー♡
ありがとう君たちも素敵だよ
うふっ
ちょっとボク
ファッションセンスとコミュ力には自信あり
ねえ、君たち今度パーティーをするんだけど一緒にどう？
キャッ♡いいのですか？天秤座様
もちろん
ボクは人との交流が大好きだ
だけど……
ワイ
ワイ
ワイ

むっ
ホレックスの
時計だ！
キラーン
くそっ！
ボクだって
あれ～
何時かな？
キラ
キラ
キラ
むっ
高身長の彼が
モテモテだ
くそっ！
ボクだって
ニョキッ☆
あれ!?
天秤座君
背が伸びた？
は？ 前から
だけど？
人よりちょっと
上でいたいんだよね
めっちゃ無理
してるけど？
ヨロ
ヨロ
ヨロ

7

♎

天秤座

いろんな人に会いたい

キャラMEMO

支配星	金星(恋愛、お金、人間関係)
4元素	風
3区分	活動
対応する体	腎臓、腰
テーマ曲	結婚行進曲(メンデルスゾーン)
一言メモ	風通しの良さを重視し、知識や情報、人間関係を積極的に横に広げていく。

● 美的センス　支配星が美の天体である金星ですから、美的なセンスがあります。ファッションやメイク、インテリア、デザイン、美容など、より美しく見せることに関して得意な人が多いです。若干、少々無理をしてでもカッコつけたがりなところがあります。

● 社交的　風の活動、そして支配星の金星は人間関係も意味するので、風通しが良く、いろんな人、新しい人に積極的に関わっていくのが好きです。人とのご縁が広がっていきます。また、人からどう見られるかを気にしていたり、人をよく観察したりしているので、スマートな駆け引きをしたり、気の利いた言動ができたりもします。しかし、誰にでもいい顔をしていると八方美人に見られることもあるので、注意が必要です。

● 情報収集力　広く浅く、新しい情報や面白い情報をどんどん集めることができます。

● 比較する　天秤座の名が示すとおり、人と自分を比較するところがあります。そして、人よりちょっとでも上であることを望みます。逆にいうと、魅力的な人に会うことで、自分のレベルを上げていくことができます。

蠍座
—Scorpio—
好きになったら命がけ
0か100かの蠍座です
昨日のテレビ見た?
有名店のスイーツ1つどうぞ!
ツカ
ツカ
ツカ
興味ないことには見向きもしないけど
ストン
さて
やるとなったら!!
はあああああ
すごい集中力
カタ
カタ
カタ
好きなことには命がけ
あそこだけ空気がちがう…

今日は残業なんだね？
先輩
明日はデートしようね
コソッ
じゃ頑張って
……
好きな人にも命がけ
ぼー
あ！
傘忘れてる！
ダーッ
ダッ
チーン
はぁ
はぁ
間に合った……
ガーッ
その分、裏切りは許さないわよ

8

♏

蠍座

接着剤になる

キャラMEMO

支配星	冥王星（0か100、徹底的、丸ごと変える）
4元素	水
3区分	不動
対応する体	生殖器
テーマ曲	幻想即興曲（ショパン）
一言メモ	共感や気持ちのつながりを大切にし、「これだ！」と思ったらロックオン！

●くっついて離れない　「これだ！」と思った人、モノ、コトには、接着剤のようにくっついて離れません。一途です。一心同体ともいいますが、寄生するともいいます。

●集団を結束する力　水は結合を、不動は安定を表しますから、組織や集団を結束させるパワーがあります。

●あきらめない　支配星が0か100で徹底的な冥王星なので、ハマったことはとことんやり抜きます。逆に、興味があることとないこととの差が激しいです。

●狭く深く掘っていく　物事の真実を見抜く洞察力や集中力があります。「広く浅く」ではなく、「狭く深く」が得意です。物事の裏の裏、真実、嘘やごまかしなどを見抜く力もあります。研究者、エンジニア、何かのスペシャリスト、人の生死に関わる仕事、葬儀屋、催眠術師、探偵、占い師、カウンセラー、スピリチュアル関係などに蠍座は多いです。

●感情を隠す　秘密主義で、感情を隠す傾向があり、ポーカーフェイスを装い、ミステリアスです。嫌なことがあってもギリギリまでがまんして、限界を超えたら大爆発を起こすことがあります。裏切られたら容赦しません。

射手座
—Sagittarius—
知りたい! 行きたい! チャレンジしたい!
今ここにない何かを求めて!
ということで、会社辞めます
え!? 辞めてどこ行くの? ここにない何かって!?
えー? 強いて言うならー
キリッ
レベル2へ! 2つ目のお宝《アイテム》を求めて
何だそりゃゲームかよ!?
ちょっと待ちな!
そう簡単には辞められないよ!
ど——ん

部長!?
主任!?
どっかのゲームで見たようなビジュアル
出たな敵キャラ!
よし!今こそ、これまで集めたアイテムを使う時!
はぁぁぁぁっ
自分の業務完遂!
カタカタ
カタ
カタ
テキパキ
テキパキ
引き継ぎ完了!
参りました
チャララ
ラッチャ
ラー♪
グッグッグッ
射手座は1面をクリアした
じゃ、僕次のレベル行くんで!
ゲームのように成長する子!

9

♐

射手座

グレードアップ

キャラMEMO

支配星	木星（拡大発展）
4元素	火
3区分	柔軟
対応する体	肝臓、大腿部
テーマ曲	G線上のアリア（バッハ）
一言メモ	精神が高揚することを臨機応援に楽しんでグレードアップしていく。

● 向上心がすごい　グレードアップ衝動があり、今ここにないものを目指していきます。ゴールにたどり着くまでのプロセスを楽しみます。ゴールが見えてきたり、たどり着いたりすると、次の目標が気になり出します。また、射手座は基本的に、手に入りそうで入らない微妙なところで一番燃え上がります。

● 視野が広くて楽天的　物事や状況を全体的に把握することに長け、明るく楽天的。深刻になることもありません。若干、大雑把な面があり、細かいところは見落としがち。また、人や物事のプラスの面を発見していくことができます。

● 自由度が高く行動力がある　射手座は下半身が馬なので、自由にいろんなところに行きたいのです。逆に、自分の行動を制限されることに苦痛を感じます。束縛されたら逃げていくでしょう。

● 好奇心全方向　支配星が拡大発展の木星なので、いろんなことを知って意識を拡大していきます。海外好き、本好き、精神的・哲学的なことや宗教的なことに興味がある人、何かの知識人や専門家になる人も多いです。

● ゲームのように人生のレベルを上げていく　臨機応変に七変化しながら、打開策を見出したり、自分のレベルを上げていったりして人生を楽しみます。

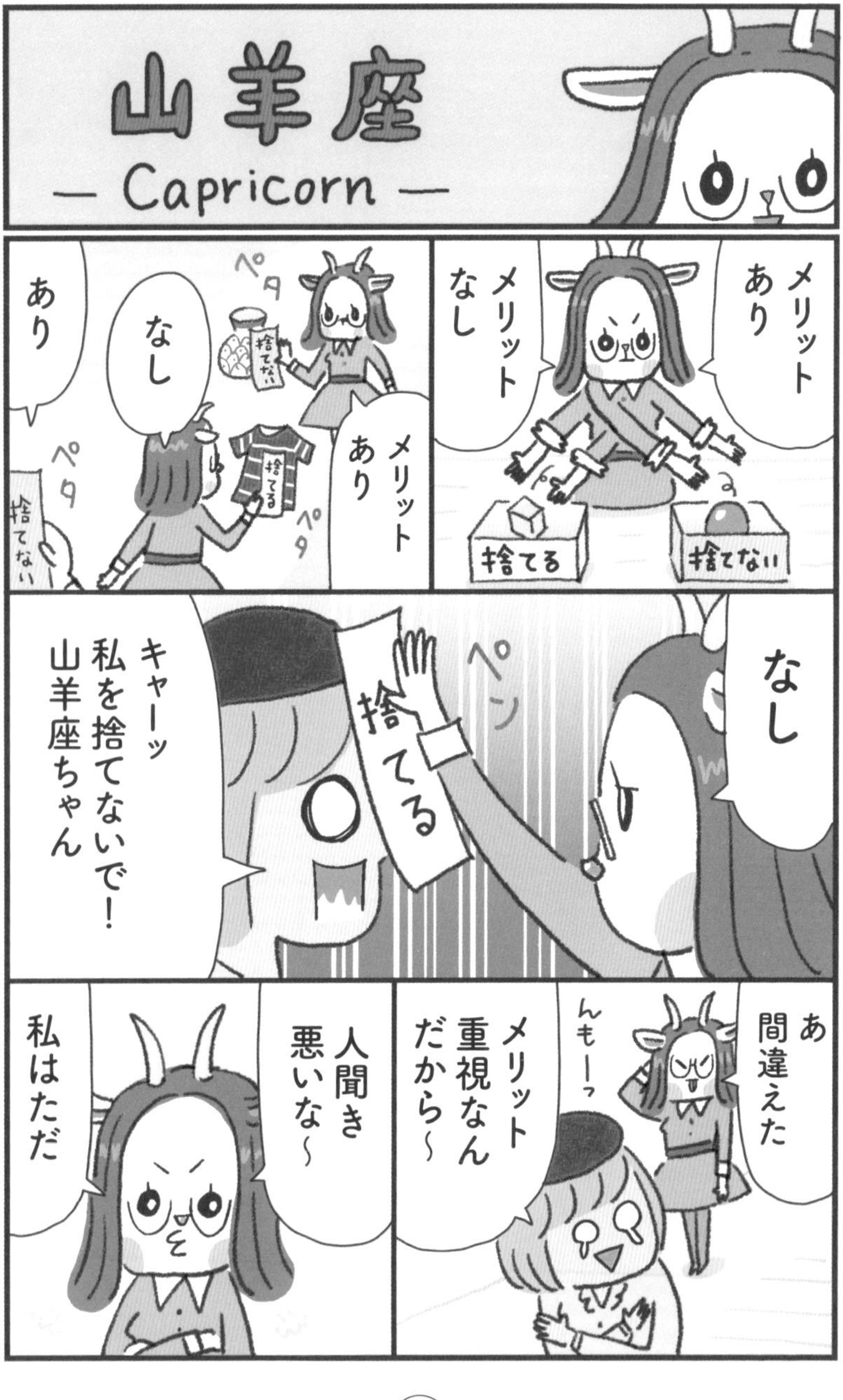
山羊座
— Capricorn —
メリットあり
メリットなし
捨てる
捨てない
メリットあり
なし
あり
ペタ
捨てない
捨てる
ペタ
ペタ
捨てない
なし
ペン
捨てる
キャーーッ
私を捨てないで！
山羊座ちゃん
あ
間違えた
んもーーっ
メリット重視なんだから〜
人間き悪いな〜
私はただ

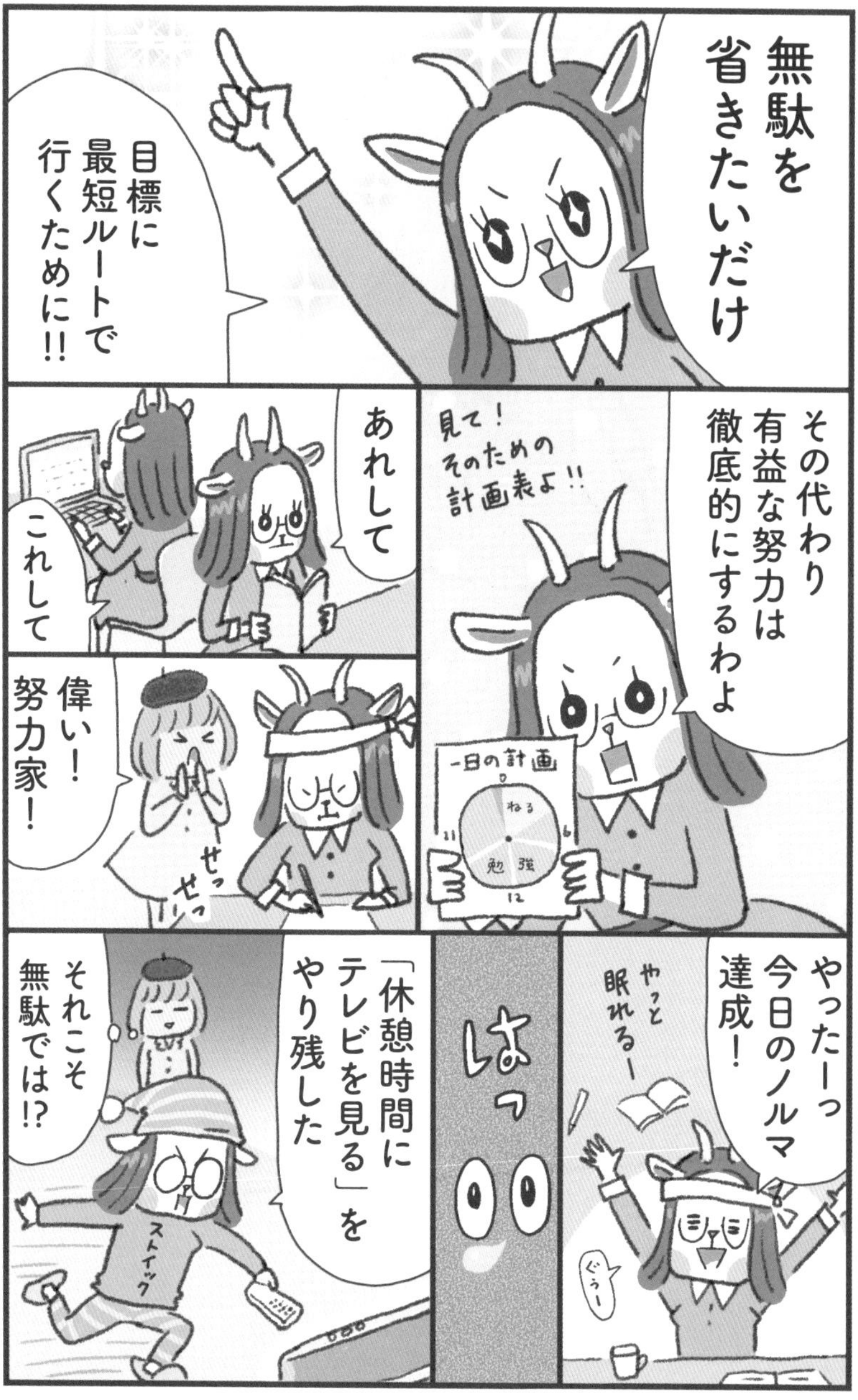
無駄を省きたいだけ
目標に最短ルートで行くために!!
その代わり有益な努力は徹底的にするわよ
見て！そのための計画表よ!!
一日の計画
ねる
勉強
あれして
これして
偉い！努力家！
せっせ
せっ
やったーっ今日のノルマ達成！
やっと眠れるー
ぐぅー
はっ
「休憩時間にテレビを見る」をやり残した
それこそ無駄では!?
ストイック

10

♑

山羊座

無駄を省く

キャラMEMO

支配星	土星（ルール、抑制、遅れ）
4元素	地
3区分	活動
対応する体	歯、骨、皮膚
テーマ曲	交響詩〈我が祖国〉モルダウ（スメタナ）
一言メモ	具体的なことを重視し、自ら働きかけ、努力を惜しまない。

●無駄を嫌う　支配星が余分なものを削ぎ落とす土星です。遠回りになることや、意味のないものを省いて取捨選択していくので、最短コースを見つけ出すことができます。

●計画性や責任感がある　支配星が先生を表す天体でもある土星ですから、とても責任感があり、周りの人たちからの信頼もあります。また、上下関係や礼儀を大切にしたり、ルールや計画を守ったりと、真面目なところがあります。何事に対しても受け身ではなく、自分から積極的に仕掛けていきますし、努力を惜しみません。リーダーやまとめ役になりやすいでしょう。そして、ちゃんと形にしていきます。

●大人のふるまい　物事を冷静に判断し、クールであまり感情を表に出さない傾向があります。

●ルールを作ってもルールに飲まれるな！　あらかじめ段取りや順番を決めて、物事をスムーズに進めていくことができますが、逆に、「今日は必ずこれをしなくちゃ！」などと、自分で決めた自分のルールにがんじがらめになってしまうことも。心地よくないルールは、どんどん改良するといいでしょう。

水瓶座
— Aquarius —
人と同じは好きじゃない！枠にはまるの大嫌い！
規格外のほうがステキだわ♡
変わってるね
と言われるのが内心嬉しい私です
だってこの性質クリエイティブな仕事にも生かせるし
カップル向け新商品のアイディアが～
企画会議
もんもん
もんもん
もん
あの！
こういうのどうでしょうか!?
24時間くっついていたい2人のために！

究極の
一体型
ペアルック!!
おお!っ
これなら
いつでも
一緒だ!!
ま、私は
いらない
けどね
なに!?
水瓶座には
ほどよい距離感が
必要なのよ
私も違う意味
でいらない……
一体型って
それに、私は
恋愛も少し
変わってる
ほうが好き
ドーン
ドーン
彼からの
のろしだ♡
今夜は
会える♥
誰と
付き合って
るの!?

11

♒

水瓶座

人は人、自分は自分

キャラMEMO

支配星	天王星(独立、オリジナル、刷新する)
4元素	風
3区分	不動
対応する体	ふくらはぎ、静脈
テーマ曲	ラデツキー行進曲(ヨハン・シュトラウス1世)
一言メモ	風通しの良さを重視するが、お気に入りを見つけたらそれを変えない。

●人は人、自分は自分　人の意見も尊重しますし、自分の意見も尊重します。いろんな意見を聞いて「なるほどね！」と理解はしますが、共感はしません。

●人と一定の距離を保つ　人との距離が近すぎたら離れて、離れすぎたら近づきます。物理的というより精神的な距離です。ほどよい距離感を保ちます。人間関係を「〇〇するならこの人」などとカテゴライズ化していることがあります。

●常識にとらわれない　既存の常識やルールにあまりとらわれません。オリジナルの視点で物事をとらえることができたり、人が考えつかない面白いアイディアを思いついたりします。基本的に、普遍的なことが好きです。

●平等で博愛主義　上下関係があまり好きではありません。誰にでもフラットに接していくことを好みます。年齢が離れている友人が多かったりします。

●情報を集めるのが得意　情報や意見など、さまざまなものを受け取ります。いろんな情報の中から、オリジナルなことを構築していくことができるのです。

●手放し上手　12サインの中で一番の手放し上手です。モノへの執着があまりなく、「シェアすればいいじゃん」的なノリがあります。もらったものも、自分が使わなかったらサクッと人にあげたりします。

魚座
—pisces—
こんにちは 愛と共感の 魚座です
私は 人の幸せは 共に喜ぶし
よかったね
悲しんでいる人には
地の底までも寄り添いますよ
きゃあああっ
無理しないでね
ぜぇ ぜぇ ぜぇ
やっと戻ってこられた……
でも、私 困っている人を見ると ほっとけなくて
そして そんな私には 2つの夢が！

1つは世界を
飛び回り
困っている人
すべてを助ける
こと!
なんて
スベラシイ
もう1つは
お家でゴロゴロ
しながら
暮らすこと
矛盾
してる!
あ~寝ながら
人助けできたら
いいのにな~
ぐうー
ちょっ
ちょっと!
魚座
ちゃん!!
自由だな、オイ
ゆっさ
ゆっさ
んもーっ
せっかく
ハッピーな
夢を見て
たのにー
そうだ!
それを絵にして
ハッピーを
シェアしよう♡
うーん…
芸術家肌!!

12

♓

魚座

境界線なし

キャラMEMO

支配星	海王星（無制限、誇大妄想）
4元素	水
3区分	柔軟
対応する体	足の裏、リンパ
テーマ曲	羊は安らかに草を食み（バッハ）
一言メモ	共感や気持ちのつながりを大切にし、相手によって心が揺れたり変化したりする。

● 感性が豊かな妄想族　感性が豊かでイメージがどこまでも広がります。このイメージ力を芸術や音楽、スピリチュアルなどに使えるでしょう。逆に、マイナスな妄想に振り回されると、心配や不安、自己否定や罪悪感に悩まされることも。

● 心の境界線が曖昧　相手の感情や身を置く環境に同化しやすいです。逆に、心の状態を良くするには、関わる人や環境を変えるといいでしょう。また、相手も自分と同じように思うに違いないという思い込みから、相手にわかってもらえないことを不思議に思ったり、辛く感じたりする傾向があります。

● 矛盾した願望を持つ　方向性が違う願望を持っているので、いつも何かに迷ったり心配したりしています。しかし、迷ったり心配したりしているほうが、イキイキしている節があります。どこか解決を望んでいないといいましょうか。

● NOと言えない　相手の気持ちに共感してしまうので、少し違和感があっても相手に言われたことを引き受けてしまう、自己犠牲的なところがあります。

● 何でも集めたり取り入れたりする（カオス）　いろんな人の感情にやたら振り回されたり、お店をやるとなるとメニューが多すぎたりして、まとまりのない感じに。ある意味、引き寄せ力があるともいえ、使い方によって良くも悪くも。

月が牡羊座

新しいことが大好きで困難があるほど燃える

純粋&素直なので気持ちが顔や行動に出る。短気だが、しばらくすると元に戻る。せっかちで、自分にも人に対してもスピードを求める。いろんなことを妄想しては、感情がかき乱されがち。新しいことにワクワクする。お腹が空いたりどこか痛かったりすると機嫌が悪くなる。頭痛や眼精疲労に注意。

月が牡牛座

自分のペースを大切にする

若干スロースタイルで、急かされることが苦手。安全確認できるまではなかなか進めない。触り心地や香りがいいもの、美味しいご飯など、五感を癒やすことで心身共にリラックスできる。所有欲が強いので、いったん手にすると放したくない。頑固な一面があり、クオリティにこだわる。ストレスはのどに出やすい。

月が双子座

好奇心旺盛だが飽きっぽい

いろんなことを同時進行できる素質があり、あちこちに顔を出す。器用貧乏になりがちで、広く浅くは得意だが深めることはあまりしない。ノリやフットワークが軽く、新しいものや便利なものが好き。気まずくなると話をそらすかどこかにいなくなる。ストレスを抱えると、呼吸器系や肩、肩甲骨、神経に出やすい。

心、体、私生活

月が蟹座

心が安定していると
愛情豊かで優しい

家族や仲間を大切にする一方、敵とみなした人には、自分や仲間を守るための攻撃に出ることがある。精神面が安定していると愛情豊かで優しく、面倒見もいいが、安定していないと束縛や依存、共感の強要、えこひいきなどをしたり、感情の起伏が激しくなって押しつけがましくなったりする。ストレスは胃や乳房に出る。

月が獅子座

注目されると
心の満足が得られる

自分や自分が作ったものにスポットライトが当たると心の満足が得られる。嬉しい時も悲しい時も、やや大袈裟に表現する。大人になっても子どものような心を持っていて、わがままな一面も。無意識に、注目を浴びたい衝動がある。創造性が豊か。ストレスを溜め込むと、心臓や動脈、背中の張りなどに出やすい。

月が乙女座

無意識に人の役に
立ちたい衝動がある

ストレスがあると自己犠牲的&被害妄想になりがち。繊細でちょっとしたことで気を揉む。言いたいことを言えない。何かをしてあげて、感謝の言葉などがないと少々卑屈になる。きれい好きだが片付けが苦手な人も多い。完璧主義。優柔不断。手先を動かすことや単純作業で脳内が整理される。ストレスは腸に出る。

月が
天秤座

美的センスがあり
おしゃれで上品

無意識に気を遣い、人が何を求めているかがわかる。社交的で人を楽しませる能力があるが、八方美人になりやすい。いろんな新しい情報を集めることが得意。元気がない時は、人に会って会話をしたり、おしゃれをしたり、新しい情報に触れたりするとGOOD！　ストレスは腎臓や腰、肌の調子に出やすい。

月が
蠍座

好きな人との深い心の
結びつきを好む

感情をあまり表に出さない。元気がない時は、好きな人、または一体化できる仕事や趣味に集中すると回復する。心が満たされていないと、人に依存や束縛をしたり寄生したりする傾向がある。家族やチームをうまくマネジメントすることができる。体は、子宮内膜症・筋腫、膀胱炎など泌尿器・生殖器系に注意。

月が
射手座

楽天的でプラス思考。
少々大雑把

物事を全体的に把握することができる。細かいことにこだわらないが、少々大雑把。自由をこよなく愛するので、束縛を嫌う。元気がない時は、旅に出たり、本を読んだり、スポーツをしたり、いろんな意味で自分を高めることをすると元気になる。体については、大腿部を鍛え、肝臓を労ることが健康の秘訣。

月が 山羊座

大人っぽくふるまうが 実は甘えん坊

感情をあまり出さないが、実は甘えん坊。計画的できちんと計算して動く。無駄を嫌い、意味のないことに時間を費やさない。必要なこととそうでないことを見抜ける。ルールや時間を守るが、自分で決めたことに縛られがち。みんなをまとめる力がある。目標達成のために努力を惜しまない。皮膚や歯、骨の健康に注意。

月が 水瓶座

普通を好まず ルールに従うのが苦手

人との心の距離が近くなりそうになると離れたくなる傾向あり。共感力が薄いので冷たく見られがち。価値観が似ている人と話をすると気持ちが楽になる。感情的なことが苦手。手放し上手。全部自分でやろうとする節がある。頑張るポイントを間違えやすい。健康の秘訣は、さらさら血液とふくらはぎのポンプ力。

月が 魚座

優しくて癒やし系。 人や環境に影響される

人の気持ちや環境にすぐ影響される。相手と自分に境界線がなく、気持ちが迷子になる。情に流されやすい。甘えん坊で子どもっぽいところがある。矛盾した願望を持ち、人から理解されにくい。いつも悩んでいるが悩みがなくなると悩みを探す。リンパの流れ、足の冷えや疲れに注意。体調不良が原因不明のことも。

水星と12サインの組み合わせ

水星が 牡羊座

頭の回転や決断が速く 自分の考えを押し通す

他人の意見やアドバイスはあまり耳に入らず、自分がこうと思ったら押し通す。スピード感があり、人にもスピードを求めがち。せっかちで、ケアレスミスや言い間違いが多い。直感が鋭く、アイディアや企画を急に思いつく。思ったらすぐ言葉にするので、発言には注意が必要。新しいことや面白いことが好き。

水星が 牡牛座

慎重かつ丁寧だが スローでマイペース

慎重かつ丁寧に進めるが、若干スローでマイペース。同じことを何度も繰り返すか、時間をかけて体得する。こだわりが強く、頑固で考えをなかなか変えない。安全が確認できるまで、あまり新しいことにチャレンジしない。お気に入りを集める。職人的な仕事や五感を生かすか癒やす仕事、お金を扱う仕事が向いている。

水星が 双子座

要領が良くて 同時進行が得意

ちょっと聞いただけで何でもすぐにわかってしまう。好奇心旺盛。お試し感覚でいろいろやりたい。〝広く浅く〟が好きで、深めようとはしない。臨機応変の対応力。新しい&面白いことが大好き。情報収集力がある。いろんなところに顔を出す。早とちりしがち。考えや言うことがコロコロ変わる。トーク力がある。

思考、作業、話す、書く

水星が蟹座

共感力や記憶力が強み

共感力があり、人の気持ちを言葉にできる。記憶力がいい。いいと思った考えはそのまま取り入れるのが得意。頭より感情で物事を決める。人や周囲の感情に左右されやすい。えこひいきしがち。話しているうちに感情的になることがある。好き嫌いや敵味方がはっきりしている。自分が気に入った事柄は人に教えたい。

水星が獅子座

自分を等身大より輝いて見せる才能あり

人から聞いた話も自分の話も大袈裟に伝える傾向がある。人を惹きつける話し方をして、しかも説得力がある。独自の考え方を広めたい。人の話にはあまり興味がない。クリエイティブな工夫や思考が得意。注目されたりほめられたりするとイキイキする。共感されないと凹みがち。子どものような無邪気さがある。

水星が乙女座

実務能力が高く仕事の要領がいい

作業をしやすくする能力や分析力がある。人が面倒くさいと思うような細かい作業ができる。細かいことによく気がつく。辛辣な発言やいじるなどして、無意識に人を傷つけていることがある。自分のペースを乱されたくない。きれい好きだが潔癖になることも。完璧主義。迷惑な親切や頼まれごとを断れない傾向あり。

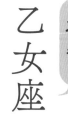

水星が

天秤座

物事を客観的にとらえ
場の雰囲気を読む

いろんな情報をバランスよく取り入れる。気が利く。場の雰囲気を読む才能があり、人と人をつなげる役割を果たす。スマートな駆け引き。社交的で交渉力や営業力があり、会話で人を心地よくさせることができる。正義の味方的発想をする。聞き上手なふりをして、最後は自分の意図するほうへ持っていく巧みさがある。

水星が

蠍座

人の本質や
物事の裏を見抜く

懐疑的だが、いったんセットされた思考はなかなか揺れ動かない。深く濃い話が好き。人の本質、深層心理、嘘を見抜いたり、物事の裏を見抜いたりする洞察力がある。信じていることに関して説得力がある。ハマるととことんハマる。マニアック。集中力がある。研究熱心。専門家、スペシャリスト。裏で糸を引く人。

水星が

射手座

視野が広くて
楽天的思考の持ち主

自由を好み、大らか。向上心旺盛。好きな勉強は熱心にする。手に入りそうで入らない物事に好奇心が刺激されるが、手に入ると興味を失いがち。小さなことにこだわらない。全体を把握する力がある。成長できることが好き。スポーツや精神世界への関心。知識豊かで読書家。教育の才能。先生と呼ばれる仕事向き。

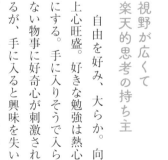

水星が山羊座

仕事能力や実践能力、ルーティン力が高い

真面目で、必要な努力は惜しまない。意味のないことや無駄なこと、要領が悪いと判断したことは避ける傾向。必要なこととそうでないことを見分ける力。苦手だったらそれが得意な人を連れて来ればいいというスタンス。合理主義。決めたルールや計画通りに物事を進めることができる。冷静で感情をあまり出さない。

水星が水瓶座

常識にとらわれず自由な思考ができる

個性的で面白いとらえ方や考え方ができる。人とのコミュニケーションでほどよい距離感を保つため、クールに見られがち。指示や命令されることを嫌う。博愛主義。平和主義。ベンチャー企業向き。ネットや電子機器、機械、シェア関連、友人とのつながり、コミュニティの活用、あるいは宇宙関連などでうまくいく。

水星が魚座

人や場、状況への共感能力が高い

トークで人を癒やす力がある。人の思考と自分が思ったことがごちゃ混ぜになりやすい。矛盾した願望を同時に持っている。イメージや妄想力があり、うまく使えないと鬱々としてくるが、建設的に使うと芸術や音楽、ファッション、スピリチュアル、癒やしなどで人の役に立ち、自分も元気になれる。天然な人が多い。

金星と12サインの組み合わせ

金星が 牡羊座

新しいことや
面白いことが好き

興奮したら今すぐやりたいので、タイミングを見計らったり、待ったりするのが苦手。ワクワクするままに突き進むとお金につながることが多い。駆け引き下手。ストレートな愛情表現を好む。熱しやすく冷めやすい。動きやすいファッションが好き。明るくて面白くて素直な女性やボーイッシュな人が好みのタイプ。

金星が 牡牛座

本物やクオリティの
高さを求める

五感を満たしたい欲求が強く、五感や才能を生かしてお金につなげることができる。芸術的センスや美的センスがある。気に入ったら自分のものにしたくなり、一度手にすると手放したくない。着心地や生地など五感が心地よいファッションが好き。五感が刺激されたり満たされたりする女性が好みのタイプ。

金星が 双子座

知的好奇心が
旺盛で多趣味

情報や知識を集めるのが好きで、さまざまことをちょっとずつ知りたい。興味や関心の対象がコロコロ変わる。流行に敏感。試しにやってみたことがお金につながることがある。変化を楽しめる。ファストファッション好き。人に興味があり、知的な刺激をくれる人が好き。フットワークが軽く会話の楽しい女性が好み。

恋愛、お金、人間関係、男性から見た女性

金星が蟹座

好きな人や仲間と共感したい

好きな人や動植物に愛を注ぎたい欲求がある。面倒見はいいが、おせっかいになることがある。飲食や女性や子ども関連、あるいは女性や子どもが好きそうなことがお金につながる傾向。共感したり一緒にいたりしてくれる人が好き。かわいいファッションが好き。家庭的な面があり、愛情が豊かな女性が好みのタイプ。

金星が獅子座

人に喜ばれたり認められたりしたい

自分や自分が作ったり選んだりしたものが、喜ばれたり認められたりしたい。自分で表現や制作したものがお金につながる。童心に返って遊びや感情表現をすることで満たされる。一点豪華主義。ビビッドカラーを取り入れたファッションが好き。ドラマチックに愛されたい。ちょっと目立って、華のある女性が好みのタイプ。

金星が乙女座

人の役に立って喜んでもらうのが好き

手先を使うことや、人に頼まれたり何かをしてあげたりすることが、お金につながっていく。整えることが上手。職人的な趣味。清潔感のあるファッションを好む。小さなことを気にかけてくれる優しい人が好き。自分を必要としてくれる人に弱い。自己管理がしっかりしている人、清楚な女性が好みのタイプ。

金星が

天秤座

人とのつながりを
スマートに楽しめる

スマートな駆け引きが上手。人とベタベタするのは苦手。インテリアやファッション、メイクなど美的なセンスがあり、お金にもつながる。楽しいトークができる。ホスピタリティが高く、接客業に向いている。多くの人から愛されたい。自分を素敵に見せるファッションがわかる。愛想が良くセンスのいい女性が好み。

金星が

蠍座

人間関係も恋愛も
信頼関係こそが大事

信頼関係を築けると楽しいが、どちらかの懐疑心や執着心が顔を出すと面倒なことになりがち。好きなことやハマったことへの探究心が、お金につながる。愛した分、愛されたい願望。いろんな意味であきらめない。雰囲気のあるファッションが好き。一途に愛されたい。かわいらしさと美しさが同居する女性が好み。

金星が

射手座

向上心や冒険心に
あふれている

興味があることや専門的な知識をお金につなげることができる。オープンマインド&自由な心で、いろんな人を楽しく受け入れる。手に入りそうで入らない状態に興奮し、手に入るとほかのことに興味が湧く。お互いに高め合える関係が理想。エキゾチックなファッションが好き。束縛しない、前向きな女性が好み。

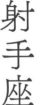

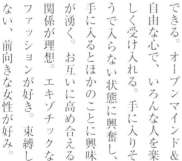

金星が 山羊座

人間関係や恋愛では感情を抑える傾向

優等生っぽさの中にも面白みがある。好きなことには努力を惜しまないので、いつの間にかお金を生むことができる。エロに対する探究心あり。古き良きものを愛する。制服やスーツなど、考えなくてもいい定番ファッションを好む。本当は愛されたいが甘えるのが下手。礼儀をわきまえている女性が好みのタイプ。

金星が 水瓶座

近すぎると距離を置き遠くなると近づく

人に対してはツンデレ方式。友人大好き。愛情表現が苦手。気持ちを告白されると逃げることがある。上下関係は苦手で老若男女フラットな関係を好む。友人との遊びの延長を仕事やお金につなげられる。個性的なファッションを好む。友人のような恋愛関係または、友人から恋愛に発展しやすい。個性的で面白い女性が好み。

金星が 魚座

相手と自分の気持ちを混同しがち

恋愛や人間関係では、相手の気持ちなのか自分の気持ちなのかがわからなくなりがち。好きと言われると好きなような気がしてくる。芸術、感性を生かす、スピリチュアル、癒やしなどからお金を生みやすい。フワッとしたファッションが好き。すべてを受け止めてもらえると安心。優しくて癒やし系の女性が好みのタイプ。

太陽と12サインの組み合わせ

太陽が 牡羊座

先駆けて物事を始め困難があると燃える

人より早く始めるのがモットー。多少の困難があるほうがやる気になる。新しいことにワクワクする。直感に従って突き進み、気づいたらリーダーになっていることも。思考と言動が直結している。先がわからないことに飛び込む勇気がある。問題や嫌な気持ちをエネルギーに変えて、目標達成につなげることができる。

太陽が 牡牛座

着実に最後までやる粘り強さがある

生まれつき優れた才能を持っていることが多い。あまり変化を好まない。石橋を叩いて壊しがち。職人気質で、同じことを繰り返しながらゆっくりとレベルを上げていく。聞くだけでなく実際に体験することで、自分のものにしていく。五感や美的な感覚を生かした仕事やお金を扱う仕事に適性がある。

太陽が 双子座

頭の回転や理解が速くコミュニケーション上手

フットワークが軽く、気軽な会話も得意。いろんな面白い情報を収集することができ、知識の新陳代謝が速い。単純作業よりも、扱うものが都度変わったり、移動が多かったり、ルーティンワークにならない仕事が合っている。どこかにいつも新鮮さがあったり、多くの要素が混ざっていたりすると力を発揮しやすい。

人生の方向性、仕事

太陽が蟹座

人をまとめる力があり
味方を守るために戦う

仲間と認めた人に愛情を注ぐので、チームをまとめる力がある。面倒見が良く、頼まれごとをしているうちに、それが仕事になったりする。味方を守るために戦う。模倣能力が高く、いいなと思うと、自分も同じようなことができる。飲食業や、女性や子ども関係、家庭生活で使うものを扱う仕事に適性がある。

太陽が獅子座

認められることで
輝くことができる

自分や自分の作品を表現し、それが人に気に入られたり、認められたりすることで輝く。ただし、共感を得られないと、人や状況を否定することで自分の精神を保とうとする面も。また、子どものような無邪気さが人を惹きつける。表現する仕事、ものづくりの仕事、エンタメ関係の仕事向き。人生や仕事にドラマを求める。

太陽が乙女座

実務能力に優れ
どんな仕事もこなせる

実務能力に優れ、どんなことでも計画的にこなそうとする。完璧主義で自分に厳しいが、人にもそのクオリティを求めてしまいがち。人の役に立つことに生きがいを感じるが、時に自己犠牲に陥りがちなので注意が必要。細かいところによく気がつく。優柔不断なので、決めてもらったほうがやりやすい面がある。

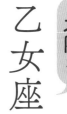

太陽が天秤座

サービス精神が旺盛で美的なセンスもあり

さまざまな人と関わったり、いろんな情報を扱ったりできる。美的なセンスがあり、インテリア、美容、メイク、ファッションなどで素敵に見せるのが得意。周りと自分を比較するところがあり、マイナスに作用すれば卑屈になるが、プラスに働けば足りないところを補って自分のレベルを引き上げることができる。

太陽が蠍座

1つのことを徹底して追求する力がある

集中力や洞察力に優れ、物事の真実や裏側を見抜く目を持っている。研究者や探偵、何かのスペシャリスト、スピリチュアルや心理関係、医師、人の生死に関係する仕事などに適性あり。組織やチームの結束力を強める。裏切られたらシャッターを下ろす。人との関係や失敗の経験から本当の自分の方向性に気づく。

太陽が射手座

成長していくことに人生の意義を感じる

小さなことにこだわらず、楽天的。関心のおもむくまま、自由に行動していくので、束縛を嫌う。目標を達成すると、また新たな目標を見つける。まだ知らないことを知りたいという探究心。物事を全体的に把握する能力。先生と呼ばれる仕事、精神的なこと、語学や海外関係、法律、出版関係の仕事に向いている。

太陽が山羊座

自分を抑えてでも努力を惜しまない

努力家。効率を考えて、いるいらないを明確にして、無駄なことは徹底して省こうとする。「ないものは持って来ればいいいだけ!」といった合理主義。組織やチームをまとめ、引っ張っていくリーダーになりやすい。計画性があり、目標を立ててちゃんと形にしていく。学歴や肩書きなどに若干こだわるところがある。

太陽が水瓶座

独創的で人とは違う視点を持っている

面白い発想力や独立心がある。上下関係や常識やルールに縛られることを嫌う。オリジナリティが発揮できる仕事で輝ける。変わっているところが仕事につながる。イノベーションを起こす。企画開発、オリジナル商品、面白グッズ、ベンチャー企業、クリエイター、今までにない仕事を生み出す、などに向いている。

太陽が魚座

とても優しくて人のために行動する

イメージ力が無限にあるので、マイナスに使うと心を病むが、建設的に使えば素晴らしい可能性がある。環境や人、情報に左右されやすく流されやすい面があるが、逆にそれらをわかった上で選択するようにすれば有意義な状態になる。芸術、音楽、ダンス、癒やし、スピリチュアル、ネット、メディア関係などに適性がある。

火星と12サインの組み合わせ

火星が 牡羊座

思い立ったら止まらず 行動が速い

思い立ったら立ち止まらず、ストレート&スピーディーに行動する。単純明快で、見ていて気持ちがいい。怒っても後をひかない。勇敢でリーダー的な要素があり、あまり周りには影響されない。新しい分野にも飛び込んでいく勇気がある。ストレートにアピール&アタックする。アグレッシブな男性が好みのタイプ。

火星が 牡牛座

慎重に行動して 粘り強く続ける

慎重に行動するので、周りからは少し遅く見える。同じことを続ける力がある。変更に若干ストレスを感じる。自分の意志を通そうとする。いろんな意味で粘り強い。才能を生かすこと、五感を満たすこと、お金に関することにやる気が出る。プレゼントや食事に誘ってアピール。才能豊かで、稼ぐ力がある男性が好み。

火星が 双子座

情報処理能力が高く 複数のことを同時進行

軽くちょっとずつお試し感覚くらいで行動するのが楽しめる。同じことを繰り返したり、1つのことを追求したりするのは飽きてしまうし、ストレスが生じる。新しいことや面白い情報に触れて、常に興味や関心を刺激していると落ち着く傾向。楽しい会話でアピール。話が面白い男性が好みのタイプ。

行動、衝動、興奮、女性から見た男性

火星が蟹座

感情によって行動が左右されがち

人の気持ちを気にしすぎて、素直に感情を出したり行動に移したりすることがなかなかできない。自分で自分を抑えつけて、苦しくなってしまうことがある。大切な何かを守るためには、すごい行動力を発揮する。関わる人や環境によっても行動が変わる。恋愛に奥手。優しくて面倒見の良い男性が好みのタイプ。

火星が獅子座

注目を集めることでパワフルに行動する

スポットライトを浴びること、表現すること、創造的なこと、童心に返ったように楽しく遊ぶことなどで、テンションが上がりパワフルに行動する。若干オーバー表現になりがち。好きな音楽やエンタメ、スポーツ観戦などで、いつも同じように感動。ドラマチックにアピール。存在感のある男性が好みのタイプ。

火星が乙女座

実務能力が高く作業を淡々とこなせる

手先を動かすことが得意で、細かい作業も淡々とこなせる。細部を気にしすぎて、先に進めなくなったり、全体が見えなくなったりすることも。管理力や改善力がある。優柔不断。完璧主義。分析力があり、鋭いところを指摘する。いろいろと手伝ってあげる傾向。清潔感があって頼りがいのある男性が好みのタイプ。

火星が

天秤座

人や情報への興味から行動を起こす

いろんな人や新しい情報に興味や関心がある。人のことについ首を突っ込みがちで、面倒なことに巻き込まれる。人から聞いた話や情報を吟味し、決断する時に自分の本心を採用しないことも。人からどう見られるかを気にする。正義感が強い。営業力。カッコつけてアピール。爽やかでおしゃれな男性が好みのタイプ。

火星が

蠍座

これ！と思ったことはとことんやり抜く

探究心、問題解決力、とことんやり抜く力がすごい。人の心を変容させたり、行動を起こさせたりするパワーがある。チームや組織をまとめる力や人の心を読む才能がある。相手を思い通りにコントロールしたい願望が若干見え隠れ。手に入れるまであきらめない。色気があって深みがある男性が好みのタイプ。

火星が

射手座

グレードアップしたい衝動がある

どんなことも自分のレベルを上げるゲームのように楽しめる。自由を阻害されるとテンションが落ちる。チャレンジ精神旺盛。視野が広く全体を把握できるが、細かい点は見逃しがち。自分を高められる勉強が好き。恋愛では、好きな人を追いかけている時が一番楽しい。楽天的で冒険心のある男性が好みのタイプ。

火星が 山羊座

決めた目標をしっかりやり遂げる

実務能力に長けている。企業努力を惜しまない。野心的で責任感がある。遠回りや無駄なことを嫌う。物事を形にしたり、お金を稼ぎ出したりする力がある。自分を抑えて目的のために頑張るのでストレスを溜めやすい。計画性がある。消去法で決める。有能な感じがする、スペックの高い男性が好みのタイプ。

火星が 水瓶座

変わったことや面白いことに興奮する

感情的なことが苦手で基本クールだが、急に核心的なことをズバッと言ったりする。干渉されることを好まない。みんながやるからとか、世間体とかにはあまり流されない。おかしいことはおかしいという認識。恋愛ではアピールの方法を間違えがち。クリエイティブな人やエキセントリックな男性が好みのタイプ。

火星が 魚座

メンタルと行動力がリンクしている

芸術、スピリチュアル、癒やし、不思議なことなどに興味や関心を抱く。妄想や感情に飲み込まれやすい。関わる人や状況によって言動が変わる。自信がなく、行動できなかったり相手の言いなりになったりしがち。真実を突きつけられると怒りの感情が出てくる。感性豊かな人や不思議な魅力がある男性が好みのタイプ。

木星と12サインの組み合わせ

木星が 牡羊座

新しいことで成功しやすい

初めの1歩を踏み出す勇気がある。決断や行動が早いので、チャンスをものにしやすい。新しいことや0から1を生み出すことで成功しやすい。リーダーシップを発揮する。何かの分野のパイオニアになる。直感力を生かせる。イメージをしてワクワクすることであればうまくいく傾向。45歳以降から新しいことを始める。

木星が 牡牛座

お金や物資面の幸運に恵まれやすい

歳を重ねるにつれて、お金を扱うセンスが磨かれていく。のんびり&マイペースに生活していける。五感、美的センス、感性の鋭さ、芸術、音楽、生まれ持った才能などを生かして成功しやすい。45歳以降は、より金運に恵まれたり、才能を生かして人を喜ばせたりして、自分も満たされていく傾向。

木星が 双子座

書く、伝える、教えるなどでうまくいく

いろんなお試しや経験などフットワークが軽くどこでも顔を出す。なにげないコミュニケーションやふとした思いつきなどが、成功のきっかけに。書いたり、伝えたり、教えたり、知識や情報を扱ったりすることでうまくいく。同時にいろんなことができるマルチな才能がある。45歳以降は、よりこれらの傾向が出てくる。

どんなことが拡大発展する?

木星が蟹座

女性や子ども、飲食、生活に関することを

家族や仲間からのいい影響。愛情深い。心を開いている人にはとても優しく面倒見がいい。女性や子どもが好きなことや、女性や子ども、飲食、生活関連のことでうまくいく。気に入ったことを再現したり、自分なりにアレンジしたりすることで成功しやすい。45歳以降は、よりこれらの傾向が出てくる。

木星が獅子座

優れた創造力を生かせることで発展

創造力に優れ、自分を表現する、作品を作る、自分も嬉しくて他人も喜ぶことなどで成功。イベント企画、ドラマチックな演出、宣伝やブランディング、エンタメ、子ども関係なども発展しやすい。自分が明るく楽しそうに輝いていると、周りも輝かせることができる。45歳以降は、よりこれらの傾向が出てくる。

木星が乙女座

丁寧に対応することで幸運に導かれる

実務能力や管理能力に優れ、仕事関連で重宝される。人の役に立つことを喜んでする傾向。目の前のことに丁寧に対応すると幸運に導かれる。細かい作業、管理や整理、手先を使う仕事、病院・健康関連、秘書や右腕、イラストレーター、編集などでも成功しやすい。45歳以降は、よりこれらの傾向が出てくる。

木星が

天秤座

社交性や美的センスを生かして成功する

人との関わりから、素敵な人を紹介されたり、面白い情報をゲットしたり、人生を変える人と出会ったりして、幸運につながる。社交性や美的センスを生かして、成功しやすい。会話で人を気分良くさせることができる。45歳以降は、よりこれらの傾向が出てくるし、いろんな人から声をかけられやすくなる。

木星が

蠍座

人と深くつながって恩恵を得られる

何事も上っ面でなく、深いところで宝を発見する。人と深くつながることで恩恵を得られたり、信頼関係を構築できたり、いい意味で人生が変わったりする。人の深層心理を扱う、資産運用でお金を増やす、大きな会社や組織との関係性を作る、などで成功する素質があり。45歳以降は、よりこれらの傾向が出てくる。

木星が

射手座

教育、哲学、宗教、出版、旅行関係で成功

精神性が高い。視野が広く、許容度が高い。物事に対して肯定的で、前向きに解釈できる。好きな分野でのレベルアップが楽しいので、いつの間にか成功している。教育、哲学、宗教、出版、海外関係、旅関係などでうまくいきやすい。とても自然体で自由、そして楽天的。45歳以降は、よりこれらの傾向が出てくる。

木星が山羊座

手堅く確実に進めて目標を達成する

計画性や継続力があり、目標を達成することができる。無駄を省き、長所を伸ばすことができる。努力を惜しまず、まとめたり、見抜いたりする能力。手堅く確実に進める傾向。教育関連での広がり。リーダー的存在。伝統や古き良きものを扱うことで成功につながることも。45歳以降は、よりこれらの傾向が出てくる。

木星が水瓶座

自由で面白い発想や人とは違うことで発展

ネットやIT関連、友人と一緒に何かをする、コミュニティ、シェアビジネス、バーチャル、スタートアップ、変わったことなどでの成功。博愛主義で誰とでも仲良くなれる。特に価値観を共有できる人が大好き。自由で面白い発想や、人とは違う要素を生かすことで発展する。45歳以降は、よりこれらの傾向が出てくる。

木星が魚座

癒やし関連のことで成功しやすい

人を癒やすパワーがあり、存在そのものが癒やし。何でも集まってきやすい。収集が好き。自然と戯れると元気になる。優しいので何でも受け入れがちだが、自己犠牲にならないように注意。同情しすぎて辛くなる。植物のように、春夏は元気になり秋冬はおとなしくなる。45歳以降は、よりこれらの傾向が出てくる。

土星と12サインの組み合わせ

土星が 牡羊座

新しいことをなかなか始められない

有言不実行。直感をスルーしがち。自信がなくて、思い立ってもぐずぐずして行動できないので、すぐに行動できる人を意識しすぎたりずるいと思ったりしがち。本当はこうしたい！　という気持ちをつい抑える。歳を重ねるにつれて、これらがとても上手に使えるようになったり、スペシャリストになったりする。

土星が 牡牛座

お金や物や肩書きに振り回されがち

振り回されるのはコンプレックスが原因の場合も。執着や頑固さによる失敗。安全かどうかを確かめすぎてチャンスを逃す。丁寧だが遅い。美的センスや五感をあまり使わず宝の持ち腐れに。才能開花が遅れる。歳を重ねるにつれて、これらがとても上手に使えるようになったり、スペシャリストになったりする。

土星が 双子座

学歴や知識などのコンプレックスがある

いろんなことを知っている人に対して、意識しすぎたり、嫉妬したりすることがある。知識の習得に時間がかかる。自信がなく、書く、伝える、話す、聞くことが苦手。いろんな情報がありすぎて混乱する。歳を重ねるにつれて、これらがとても上手に使えるようになったり、スペシャリストになったりする。

ルール、抑制、遅れ

土星が蟹座

家族や仲間に対してコンプレックスがある

感情を出すことへの恐怖や抑圧があり、なかなか本音を伝えられない。周囲の人に嫌われることを恐れたり、周りの人がみんな敵に見えたりすることがある。しかし、歳を重ねるにつれて、家族や仲間との関係が良好になったり、本音を伝えられるようになったり、そういう事柄のスペシャリストになったりする。

土星が獅子座

自己肯定感が低く自信を持てない

本当は、自分を表現する意欲や、何かを創作したい気持ちはあるものの、それらへの苦手意識や罪悪感にさいなまれる。ありのままの自分への自信のなさ。自分なんて価値がないという思い込み。歳を重ねるにつれて自信がつき、自己表現や作品づくりを心から楽しめたり、それらのスペシャリストになったりする。

土星が乙女座

細かい点が気になり自分にも人にも厳しい

自分にも人にもダメ出しをする。完璧主義。自分で自分を見張って疲れる。視野が狭い。優柔不断で何も決められない。歳を重ねるにつれて、これらが上手に使えるようになる。実務能力や管理力、サポート力などでさまざまな人の役に立つことができたり、何かの分野のスペシャリストになったりする。

土星が
天秤座

対人関係に苦手意識がある

人の顔色をうかがいすぎたり、人の意見に合わせすぎたりして疲れる。美的センスに自信がない。情報過多で決断できない。人からどう見られるのかを気にしすぎる。比較グセ。歳を重ねるにつれて、人間関係が楽しくなったり、美的センスを生かしたり、情報の取捨選択が上手になったり、スペシャリストになったりする。

土星が
蠍座

感情を上手にコントロールできない

人との深い関わりにおいて、感情をうまくコントロールできずに混乱する。感情を溜め込みすぎて、限界を超えると爆発する。裏切られたら許せない。歳を重ねるにつれて、信頼関係を築く、人の人生を変えるサポートをする、物事の本質を見抜く、組織の結束力を強める、これらの分野のスペシャリストになる。

土星が
射手座

大雑把で細かいことは見て見ぬふりをする

夢や理想がふくらみすぎて、現実を見ると撃沈する。自由をこよなく愛し、面倒なことになりそうな場合は姿をくらます。歳を重ねるにつれて、状況や物事を全体的に把握する能力が発達。先生と呼ばれる仕事、精神的なこと、語学、海外関係、法律、出版関係などのスペシャリストになったりする。

土星が 山羊座

ルールや目標で自分を縛りつける

社会的に成功しなくてはとか、これくらい結果を出さなければとか、親としてちゃんとしなければなど、何かしらのルールや目標で自分を縛って苦しくなる傾向。歳を重ねるにつれて、要領良く物事を豊かで建設的な方向に導いていけるようになったり、地道に積み上げてきた分野でプロフェッショナルになったりする。

土星が 水瓶座

人との距離感をうまくつかめない

共感を求められることへの苦痛。周りから浮きがちで、輪に入ろうとすると力の入れどころを間違えて余計に浮く。考えすぎると神経を病む。歳を重ねるにつれて、人と違うところや発想が面白いところなどが魅力や強みになる。友人やコミュニティに恵まれたり、一目置かれる存在になったりする。

土星が 魚座

感情に振り回され人や環境に影響される

感情に振り回されやすい。人や環境に影響されて心が揺さぶられる。人と自分との心の境界線がわからなくなって混乱することがある。つい自己犠牲モードになってしまう。歳を重ねるにつれて、自分をうまく扱えるようになる。感性の豊かさを生かして、芸術や癒やし、スピリチュアルな分野でスペシャリストになる。

天王星と12サインの組み合わせ

独立、オリジナル、刷新する

天王星が **牡羊座**
新しい物事に関する変革、独立。

天王星が **牡牛座**
才能、物質、お金に関する変革、独立。

天王星が **双子座**
知識や面白い情報に関する変革、独立。

天王星が **蟹座**
家族や家、仲間に関する変革、独立。

天王星が **獅子座**
創造性、注目を浴びることに関する変革、独立。

天王星が **乙女座**
役に立つこと、仕事、健康に関する変革、独立。

天王星が **天秤座**
美しいもの、人間関係やパートナーシップに関する変革、独立。

天王星が **蠍座**
人との深いつながり、エロス、組織、神秘的なことに関する変革、独立。

天王星が **射手座**
手に入れていない状況や物事、海外、宇宙や精神世界、グレードアップに関する変革、独立。

天王星が **山羊座**
伝統や文化、形にすることに関する変革、独立。

天王星が **水瓶座**
ネットやコミュニティ、友人、未来に関する変革、独立。

天王星が **魚座**
福祉、メディア、スピリチュアル、潜在意識、癒やし、芸術に関する変革、独立。

海王星と12サインの組み合わせ

無制限、誇大妄想

海王星が
牡羊座
新しい物事に関して夢見がちorすごく広がる。

海王星が
牡牛座
才能、物質、お金に関して夢見がちorすごく広がる。

海王星が
双子座
知識や面白い情報に関して夢見がちorすごく広がる。

海王星が
蟹座
家族や家、仲間に関して夢見がちorすごく広がる。

海王星が
獅子座
創造性、注目を浴びることに関して夢見がちorすごく広がる。

海王星が
乙女座
役に立つこと、仕事、健康に関して夢見がちorすごく広がる。

海王星が
天秤座
美しいもの、人間関係やパートナーシップに関して夢見がちorすごく広がる。

海王星が
蠍座
人との深いつながり、エロス、組織、神秘的なことに関して夢見がちorすごく広がる。

海王星が
射手座
手に入れていない状況や物事、海外、宇宙や精神世界、グレードアップに関して夢見がちorすごく広がる。

海王星が
山羊座
伝統や文化、形にすることに関して夢見がちorすごく広がる。

海王星が
水瓶座
ネットやコミュニティ、友人、未来に関して夢見がちorすごく広がる。

海王星が
魚座
福祉、メディア、スピリチュアル、潜在意識、癒やし、芸術に関して夢見がちorすごく広がる。

冥王星と12サインの組み合わせ

0か100、徹底的、丸ごと変える

冥王星が
牡羊座
新しい物事に関して0か100or丸ごと変える。

冥王星が
牡牛座
才能、物質、お金に関して0か100or丸ごと変える。

冥王星が
双子座
知識や面白い情報に関して0か100or丸ごと変える。

冥王星が
蟹座
家族や家、仲間に関して0か100or丸ごと変える。

冥王星が
獅子座
創造性、注目を浴びることに関して0か100or丸ごと変える。

冥王星が
乙女座
役に立つこと、仕事、健康に関して0か100or丸ごと変える。

冥王星が
天秤座
美しいもの、人間関係やパートナーシップに関して0か100or丸ごと変える。

冥王星が
蠍座
人との深いつながり、エロス、組織、神秘的なことに関して0か100or丸ごと変える。

冥王星が
射手座
手に入れていない状況や物事、海外、宇宙や精神世界、グレードアップに関して0か100or丸ごと変える。

冥王星が
山羊座
伝統や文化、形にすることに対して0か100or丸ごと変える。

冥王星が
水瓶座
ネットやコミュニティ、友人、未来に関して0か100or丸ごと変える。

冥王星が
魚座
福祉、メディア、スピリチュアル、潜在意識、癒やし、芸術に関して0か100or丸ごと変える。

第4章

ハウスの意味を知る

ハウスってどんなもの？

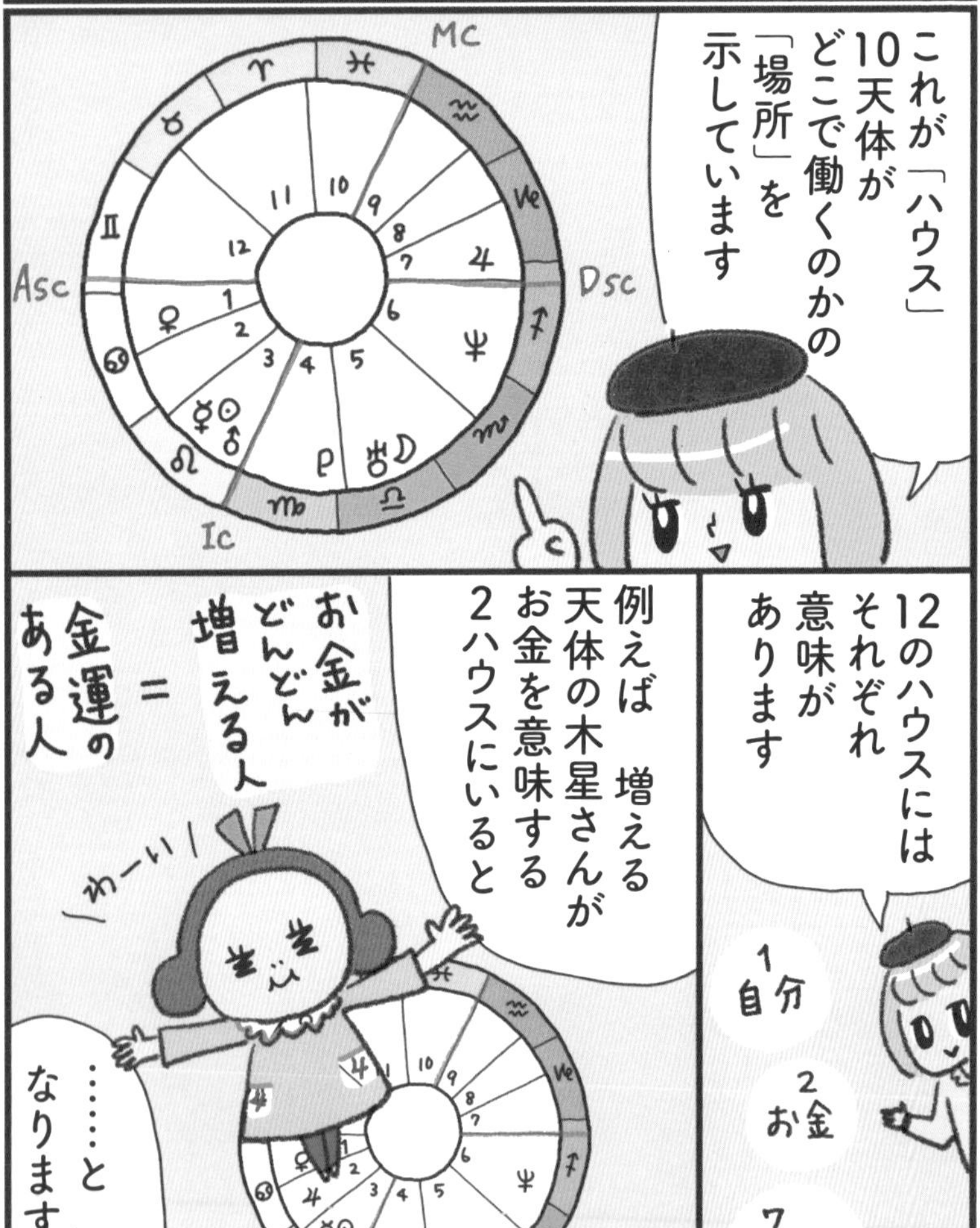
これが「ハウス」
10天体がどこで働くのかの「場所」を示しています
MC
Asc
Dsc
Ic
12のハウスにはそれぞれ意味があります
1 自分
2 お金
7 対人関係
例えば 増える天体の木星さんがお金を意味する2ハウスにいると
お金がどんどん増える人
=
金運のある人
わーい！
……となります

苦手意識の天体の土星さんが対人関係の7ハウスにいると
対人関係が
苦手
……と読むことができます
このように天体とハウスを組み合わせていろいろと想像力を働かせましょう
あのぅ……1つのハウスに3天体以上入ってる場合は？
その人にとってそこのハウスは重要ポイントです！
反対に天体が1つも入っていないハウスがあっても心配しないで
そのハウスが悪いなんてことはないです
出生時間が不明な人はハウスを使えません
Sorry

「ハウス」で10天体が働く場所がわかる

ホロスコープの円は12の部屋に分かれていて、1～12の番号が振られていますが、これを「ハウス」と呼びます。

ハウスは「場所」を表し、10天体がどこで働くのかを知ることができます。2章で見てきたように、各天体のキャラにはそれぞれの性格がありましたが、ハウスを知ることで、その性格がどのような場で強く発揮されるのかがわかるのです。

天体が1つも入っていないハウスがあったり、天体がたくさん入っているハウスがあったり、ホロスコープによって天体の配置はさまざまです。

木星が入っているサインやハウス、3天体以上あるサインやハウスは、その人の人生にとって、とても重要になります。ちなみに、同じサインに3天体以上ある場合、それをオーバーロードといいます。

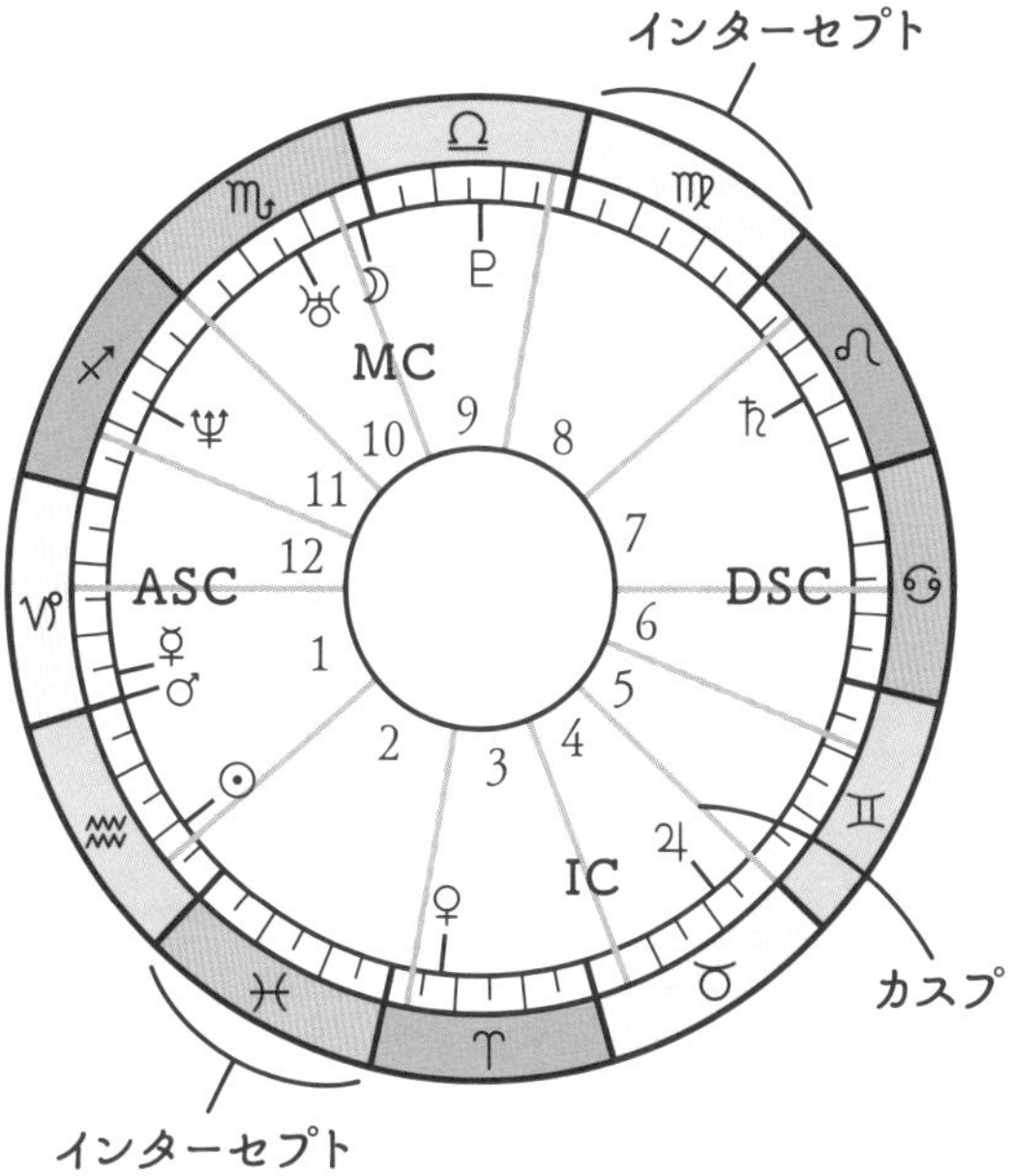

ハウスシステム

占星術のハウスの出し方は、いろんな計算方法があって、その種類によって微妙に変わってくるんですね。

その中でも、日本で一番メジャーなのがプラシーダスというハウスシステムです。無料でホロスコープを作れるサイトがたくさんありますが、ハウスシステムを選ばずに作れるサイトは、ほぼこのプラシーダスが採用されています。

私自身もプラシーダスを使っています。

アングルについて

- 1ハウスの始まりの線をASC（アセンダント）
- 4ハウスの始まりの線をIC（アイシー）
- 7ハウスの始まりの線をDSC（ディセンダント）

●10ハウスの始まりの線をMC（エムシー）と呼びます。

●ASC（生まれた瞬間の太陽が昇る東の地平線）は、無意識の行動パターン

●IC（真夜中）は、どんなことに安心できるかなど、自分の根底の基盤やルーツ

●DSC（太陽が沈む位置）は、パートナーや人間関係のパターン

●MC（太陽がもっとも高い位置）は、職業や社会的立場を表します。太陽は人生の方向性や社会に向ける顔です。

また、ハウスをたどっていくとだいたい、ホロスコープの上のほうが社会、下のほうがプライベート、向かって左のほうが自己、右のほうは他者との関わりになっています。

●天体がホロスコープの上半分に多い場合〜社会に向ける顔の太陽が一番元気な位置なので、社会との関わりにエネルギーを注いでいく傾向。

● 天体がホロスコープの下半分に多い場合～社会に向ける顔の太陽が完全に見えませんので、家族や家など、プライベート中心になる傾向。

● 天体がホロスコープの右半分に多い場合～太陽が沈んでいく方向なので、周りの反応を見て動いていく傾向。

● 天体がホロスコープの左半分に多い場合～太陽が昇ってくる方向なので、自己主張し、自分の価値観を大切にする傾向。

ホロスコープの天体が、バランス良く散らばっている人は、これらの偏りは読み飛ばしてOKです。

ルーラーシップ

余裕があれば、ルーラーシップも読むといろいろな発見ができます。
ルーラーシップは、その部屋の人がどこで働いているのかを読むことができます。

❶ それぞれのハウスの最初の線のサインをチェックします。最初の線をカスプといいます。

❷ そのサインの支配星がどこのハウスにあるかを調べます。

例えば、お金の部屋である2ハウスのカスプが天秤座だったとします。天秤座の支配星は金星ですから、金星がどこの部屋にあるかを調べます。

金星が人間関係の7ハウスにあれば、「お金を人付き合いに使っていく」と読むことができます。これは、一方通行ではないので、逆にいうと、「人付き合いによってお金を生み出す流れを作り出せる」とも読めます。そこに流れが生じるということなんですね。

また、先ほどの例で金星が2ハウスにある場合は、ある意味、お金を生み出すためにお金を使うことにもなるでしょう。

インターセプト

1つのハウスの中に、丸々1つのサインが入っていることがあります。つまり、ハウスのカスプ（入り口）と出口、そして真ん中にあるサインがそれぞれ違うサインということです。

これをインターセプトといいます。このハウスは、ほかのハウスに比べて幅が広くなっていて、対角のハウスも同じくインターセプトになっています。

そのスポッと入っているサインの性質やそこにある天体に関しては、うまく使えるようになるまでに少し時間がかかります。素敵な宝物が眠っているイメージです。

1つのハウスに2つのサイン

ハウスは途中から、カスプとは違うサインになっていたりします。

基本的に、そのハウスはカスプのサインの影響が一番濃く出ますが、ハウスの途中からのサインも後天的に出てきます。

天体が入っていないハウス

天体が入っていなくても、がっかりしなくて大丈夫。天体があるハウスはマニュアルで動き、天体がないハウスは自動的に若干いい感じに設定されています。

5度前ルール

ハウスのカスプの手前5度以内に天体があった場合、その天体は、次のハウスに入っていることになります。

ちなみに、天体のサインはそのままの位置で考えます。

生まれた時間が不明な人

ハウスは生まれた時間が不明だと使うことができないので、その場合は、ハウスに関することだけを除いて、ホロスコープを読みます。

もう1つの方法としましては、ソーラーサインハウスシステムを使うといいでしょう。太陽があるサインが必ず1ハウスになるハウスシステムです。これを使うことで、プラシーダスシステムとは、また違った角度から占うことができます。

実は、ほかにもレクティフィケーションという方法があります。

これは、生まれた時間を、今まで起きた人生の現象を元に割り出していくという方法です。これは、時間がかかりますし、ちょっと難しいです。占星術マニアの人におすすめします。

私が生まれた時間がわからない場合におすすめするのは、ハウスを使わないか、ソーラーサインハウスシステムを使う方法です。

さて、これから、ハウスと天体の組み合わせについてのページへと差しかかりますが、1つの天体にはたくさんの意味がありますから、書かれていることだけでなく、そのほかにもたくさんのストーリーが用意されています。ですので、参考程度にお読みください。

また、それぞれのハウスとサインにも関係があります。特に、ハウスの最初の線（カスプ）がどのサインになっているかは重要で、そこから読み解けることもあります。ハウスと天体の組み合わせの後に、ハウスとサインの組み合わせについても載せておきますので参考にしてください。

1ハウス

生まれつきの資質を表す部屋

その人の生まれつきの資質を表す部屋です。ただ自分では無意識に使うため自覚がありません。ちなみに、1ハウスは自分自身で、正反対に位置する7ハウスは他者を表します。

1ハウスの金星♀

人を惹きつけて お金の流れを作り出す

かわいらしく楽しい雰囲気があり、人を惹きつける。出会う人を通してお金の流れを作り出す。才能を発見してくれる人や援助してくれる人が現れやすい。アイドル性がある。

1ハウスの月☽

無意識に人に同情したり 影響されたりしやすい

月は吸収天体なので、無意識に周りの人の気持ちに同情したり、周囲の環境に影響されたりしやすい。人気運がある。感情がそのまま顔や態度に出やすい。

1ハウスの太陽☉

存在感があり 周囲を引っ張っていく

存在感がある。エゴイスト傾向。自己プロデュース能力がある。周りの人を引っ張っていくパワーがある。パイオニア精神。太陽のサインの分野で注目されやすい。

1ハウスの水星☿

頭の回転や決断が速く いろんなことに興味がある

頭の回転や決断が速く仕事もできる。いろんなことに興味があり、いい意味での子どもっぽさがある。年齢より若く見える。話したい衝動&話が面白い。人の素質を見抜く才能あり。

1ハウスの天王星♅

ルールや常識にとらわれず個性的。協調性に欠ける

ルールや常識にとらわれない。個性的。変人気質。反抗的で協調性に欠ける。刺激を求める。衝動的。自立している。意外とフレンドリーで友人大好き。アイディアマン。変革者。

1ハウスの海王星♆

癒やし系でイメージ豊か。不思議ちゃんなところも

癒やし系。つかみどころのない不思議ちゃん。人や場、霊などとの無意識の同調。イメージ豊か。妄想族。アーティスティック。ヒーラー体質。ナチュラルなスピリチュアル能力。

1ハウスの冥王星♇

思考や行動が極端で一種カリスマ性がある

思考や行動が極端。自分がこうだと思ったことに関してはあきらめない。只者ではない雰囲気。ある意味カリスマ性がある。やっていることを丸ごとひっくり返すことがある。

1ハウスの火星♂

チャレンジ精神が旺盛で決断力と行動力がある

チャレンジ精神が旺盛でとりあえず行動する。見切り発車で失敗しやすいが学びも多い。何事もスピーディーにこなす。決断力と行動力がある。女性は異性を引き寄せる魅力がある。

1ハウスの木星♃

チャンスをつかみやすく大らかで人に好かれる

チャンスをつかみやすい幸運体質。大らかで楽天的なので人に好かれる。宗教や哲学的な思想があったりする。博識で頼りにされやすい。人への許容度が高いが自分にも甘い。

1ハウスの土星♄

慎重で疑い深く自分にも人にも厳しい

慎重で疑い深い。ちゃんとしなければと自分で自分を見張る。継続力がある。無駄を嫌い効率重視。潔癖。本当の気持ちを抑圧すると鬱々としたり体調に出たりする。毒舌。

2ハウス

「お金」と「才能」の部屋

お金と、生まれ持った才能を表します。ここに天体がない場合は、カスプのサインと、そのサインの支配星がどこのハウスにあるかで、お金の流れや出どころを読むことができます。

2ハウスの金星♀

魅力やセンスを生かして経済的に豊かになる

趣味が仕事になる。自分自身の魅力や、芸術や音楽、美的センスを生かして経済的に豊かになる。人間関係がお金の流れを左右する。女性に関することが仕事や商売につながる。

2ハウスの月☽

お金に不安定さがあり精神状態とリンクしがち

月は満ち欠けするので、お金に関して不安定さがある。そして、お金の状態と精神状態がリンクしがち。女性や子ども関係、生活用品などを扱う仕事で、お金の流れを作れる。

2ハウスの太陽☉

好きなことでお金を生み出せる

芸術や音楽や美的なセンスに優れている。持ち前の才能や資質を使って人を喜ばせ財を成す。大らかでマイペース。お金を増やす才能がある。男性や年上の人からかわいがられる。

2ハウスの水星☿

話したり、書いたりしてお金を作り出せる

知的で、情報量もあるので、話したり書いたりすることでお金を作り出すことができる。実業に向いていて、分析、研究、営業、アドバイスすることにも長けている。

2ハウスの天王星♅

自由なスタイルでお金を稼ぐ

自営業、起業、フリーランスなど、自由なスタイルでお金を稼ぐ。ITや電気関連の仕事。独自性や才能を生かした仕事。人と違っているところや、変わっているところが強みになる。

2ハウスの海王星♆

たくさん入ってくるがいつの間にか出ていく

お金がたくさん入ってくるが、いつの間にかたくさん出ていくことも。複数の収入源。芸術、スピリチュアル、癒やし関係、人に夢や希望を与える仕事、飲食、水商売に向いている。

2ハウスの冥王星♇

大金持ちか貧乏の両極端

ものすごくお金を稼ぐ力があるが、この力を使わない人もいる。大金持ちか貧乏かの両極端。非合法のお金の稼ぎ方に走る人もいる。すごい才能が目覚めるか眠ったままか？

2ハウスの火星♂

お金を稼いだら稼いだ分使う傾向あり

たくさん稼いだとしても、その分パーッと使う傾向あり。お金に関しては、リスキーなことを好む。欲しいものや成し遂げたいことがあると、集中して一生懸命働く。

2ハウスの木星♃

45歳以降の経済的成功が期待できる

お金を稼ぐ能力はあるが、その分使ってしまいやすい。木星の年齢域である45歳以降の経済的成功が期待できる。翻訳の仕事や海外と関わる商売、社会貢献的な活動に縁がある。

2ハウスの土星♄

安定した収入が得られる職業に就く

安定した収入が得られる職業。才能や資質を生かすまで時間がかかる。職人気質で継続力がある。お金に関してトラウマや苦手意識があるが、それらの経験からお金のプロになる。

3ハウス

教えたり教わったりする部屋

教える＆教わる、移動、サクッと行ける旅行、コミュニケーションのハウスです。基礎的な勉強は3ハウスで、専門的なことは反対側の9ハウスです。兄弟姉妹との関係性も読めます。

3ハウスの金星♀

芸術や美的なことを楽しく身につけられる

芸術や美的なことを楽しく身につけることができる。いろんなことを楽しめる。話や感性が面白く、人を楽しませる才能あり。旅行や移動が好き。兄弟姉妹と仲良し。

3ハウスの月☽

興味があることには記憶力がいい

興味があることに関しては記憶力がフル活動する。情報収集力やコミュニケーション能力に長けるが、人の感情の影響を受けやすい。3ハウスのことをすると元気になる。

3ハウスの太陽☉

多芸多才で、何事も広く浅く理解していく

多芸多才。どこにいても仕事ができるスタイルが合う。いろんなことを広く浅く理解していく。移動・旅行関係、書いたり、話したり、教えたりする仕事に向く。競争意識が高い。

3ハウスの水星☿

面白そうなことはすぐに試してインプット

フットワークが軽く、面白そうなことはすぐに試してインプットしていく。思考活動が活発で、情報収集力がある。話したり、書いたり、伝えたり、教えたりする才能あり。

3ハウスの天王星♅

最先端の情報や技術を好み思いつきで行動する

発想が革新的。宇宙語。目新しいことや変わったこと、刺激的なことを求め、最先端の情報や技術を好む。思いつきで行動する。変わった行動。会話に面白い刺激を求める。

3ハウスの火星♂

フットワークが軽くチャレンジ精神が旺盛

気になることはすぐに行動するほど、フットワークが軽い。チャレンジ精神があり、決断力もある。少々喧嘩っ早い。頭の回転が速く、負けず嫌い。勉強は短期集中型。

3ハウスの海王星♆

芸術的なことを教える才能がある

思考がファンタジック。イメージを言語化することができる。芸術的なことや不思議なことが好き。ポエマー、作詞家、シナリオライター、絵本作家、デザイナーなどに向く。

3ハウスの木星♃

書く、話す、学ぶ、教えるのが好き

知識や情報が豊かで、書いたり、話したり、学んだり、教えたりすることが好き。引き出しが多い。話を広げるのが上手。教育関連に縁あり。移動や旅行で幸運に恵まれやすい。

3ハウスの冥王星♇

話すか書く才能を発揮。もしくはそれを使わない

話したり書いたりすることですごい才能を発揮するか、使わないか極端。知りたいことは徹底的に調べ、知らなくていい情報も知ってしまう。発言で自分や人の人生を変えることも。

3ハウスの土星♄

習得に時間がかかるが継続力がある

若い頃は、勉強やコミュニケーションへの苦手意識があるが、徐々にプロ化していく。考えや気持ちを言葉にすることを抑えがち。伝統的な習い事や教える仕事に向いている。

4ハウス

家、家族、ルーツの部屋

リラックスできる場所、家、家族、ルーツを示します。安心できる事務所やサロン、行きつけで居心地がいいカフェやスナックなども4ハウス。あなたが犬だとすると、仰向けになって眠れるところといった感じです。

4ハウスの金星♀

家で家族と楽しい時間を過ごすのが好き

家で家族と楽しい時間を過ごしたり、自分の居場所を心地よくしたりすることを好む。好きなものや人に囲まれて過ごしたい。インテリアへの関心やセンスがある。

4ハウスの月☽

家族や母親からの影響が強く、心が揺れ動く

家族や母親からの影響が強かったり、そのせいで心が揺れやすかったりする。気心の知れた仲間や居心地の良い空間など、自分の居場所の充実が精神的安定に直結する。

4ハウスの太陽☉

家で仕事をするとうまくいきやすい

家で仕事をする。自宅兼事務所、自営業、自宅サロンなど。アットホームな感じを好む。夫がずっと家にいる。地域活動や不動産関係の仕事に縁あり。伝統や習慣を大切にする。

4ハウスの水星☿

家や家族、不動産への関心が高い

家や家族、不動産などへの関心が高い。家でも思考活動が活発だったり、いろんな仕事や作業をしたりする。会話の多い家庭。住む場所を転々と変えることもある。

4ハウスの天王星♅

自分だけの空間や居場所を必要とする

持ち家よりも賃貸派。シェアハウスに住んだり、ホテル暮らしをしたり。自由が制限されることを嫌う。変化の多い家族や家庭環境。リフォームなど、環境を変えると元気に。

4ハウスの海王星♆

家庭に秘密があったり複雑だったりする

家や家族に秘密があったり、複雑だったりする。素敵な家や家族に対しての憧れや誇大妄想。家をカフェやサロンにする。いろんな人がやってくる家。霊的家系。

4ハウスの冥王星♇

家や家族のことで衝撃的な体験をする

家や家族を徹底的に深掘りするパワーあり。家系や親からのすごい影響。いざという時に果てしない力を発揮する。家や家族、環境を丸ごと変えたい衝動が湧くことがある。

4ハウスの火星♂

家族や家庭環境が活発で元気

活発で元気な家族や家庭環境。身内との喧嘩が多い場合も。家でゆっくりするよりも外出することが多い。家や家族、仲間について熱くなる。家の中でも活動的に過ごす。

4ハウスの木星♃

心身共にリラックスできる環境を好む

実家または、自分が築く家や家族に恵まれる。家が広かったり大きかったりする。不動産関連での幸運。落ち着いていて安心できる雰囲気を好む。45歳以降は、さらに充実する。

4ハウスの土星♄

家や家族にトラウマや苦手意識がある

家庭や家族に対してトラウマなどを抱えている。自分の気持ちを抑えがち。無駄のない質素な暮らし。両親が反面教師に。厳しい家庭で育つ。伝統やルールを重んじる家系。

5ハウス

「好きなこと」の部屋

5ハウスは、生み出すこと、好きなこと、趣味、遊び、恋愛、子ども、起業、ギャンブルなどの場所。自分自身のASCと120度の位置なので、自分の好きなことをいろいろと広げていく楽しいハウスです。

5ハウスの金星♀

好きなことを生かして
いろんなものを生み出す

恋愛体質。子どもと仲良し。大人になっても子どものように楽しめる。面白そうなことに敏感で、流行に振り回されることも。好きなことを生かしてさまざまなものを生み出せる。

5ハウスの月☽

無邪気な心を持ち
熱しやすく冷めやすい

無邪気な子どもの心を持っている。好きなことに熱中するが飽きるのも早い。童心に返ることをしたり、チヤホヤされたりすると元気に。クリエイティブで芸術的センスあり。

5ハウスの太陽☉

人生にエキサイティングな
刺激を求める

ワクワクと胸が高鳴るような刺激を求める。自分または自分が制作したものが注目されることでテンションが上がる。表現者。クリエイティブな仕事。子ども関係の仕事。起業家。

5ハウスの水星☿

クリエイティブに
生み出す才能がある

話術や文才、あるいは、手先の器用さなどで、クリエイティブに生み出す才能。子どもと楽しく会話ができる。恋愛には話していて楽しい人を求める。話すことで人を惹きつける。

5ハウスの天王星♅

ユニークな子育てや変わった趣味

変わった子育て。変わった趣味。子どもと友人のような関係。ベンチャー起業。斬新な表現方法。恋愛に刺激を求める。面白いことを生み出す。クリエイティブな才能。

5ハウスの火星♂

好きなことに没頭すれば元気になる

好きなこと、エンタメ、スポーツ、芸術、ギャンブル、ものづくりなどのクリエイティブな活動、子ども関係など、5ハウス関連にエネルギーを使うことで、元気になる。

5ハウスの海王星♆

イメージを力に楽しく創造できる

イメージ力が優れているので、アート、映画、演劇、イベントや企画、ものづくりなど、楽しく創造できる。芸術性やサイキック力のある子ども。恋愛の沼にハマりやすい。

5ハウスの木星♃

表現やものづくりなどが発展して豊かになる

創造力があり、表現やものづくり、趣味、遊び、子ども関連、起業、投機などが発展して豊かになりやすい。45歳以降、好きなことで成功したり社会貢献をしたりする可能性あり。

5ハウスの冥王星♇

エキサイティングな魂の経験を追い求める

人生において、いかにエキサイティングな魂の経験ができるかを追い求める。子どもで人生が変わる。激しい創造力や表現力。この激しさを使わないで終わることもある。

5ハウスの土星♄

本当の自分を謳歌するのに時間がかかる

自分に価値がないと思い込んで、本当の自分を表現したり謳歌したりするまで時間がかかる。恋愛に奥手。歳が離れた人との恋愛。伝統的なことへの興味。ハマると長続きする。

6ハウス

「やるべきこと」の部屋

雇用、職場、健康、部下、ペット、修行、準備などのハウス。自由を制限して、やるべきことをやる感じです。ここにたくさん天体があると、仕事をしすぎたり、人のために尽くしすぎたりすることがあります。

6ハウスの金星♀

人の役に立つことに喜びを感じる

ホスピタリティに優れ、人の役に立つことに喜びを感じる。仕事に楽しみを見出す。楽しい職場。美的センスを生かした仕事。部下と仲良し。職場恋愛。

6ハウスの月☽

仕事などで忙しいほうが心が落ち着く

仕事をしたり忙しくしていたりするほうが落ち着く。つい、自己犠牲的になりがちで、精神的なストレスを抱えたり体調を悪くしたりしやすい。胃や子宮系に注意。

6ハウスの太陽☉

仕事人間で完璧主義。自己犠牲的なところも

仕事人間。人の役に立つため、どんなことにも対応しようとする。完璧主義。自ら事を起こすより頼まれてやるほうが向いている。健康管理をしっかりしている人が多い。

6ハウスの水星☿

真面目にコツコツと仕事をこなす

実務能力があり、真面目にコツコツと仕事をこなす。あまり頑張りすぎると神経を病むことがあるので、自分だけで完璧にやろうとせず、人に頼むと良い。会話の多い職場。

6ハウスの天王星♅

フリーランスで働くのが向いている

自由な働き方が合っているので、会社などの組織に所属するよりもフリーランスが合っている。どこでも仕事ができるスタイル。ストレスが神経に出る場合があるので注意。

6ハウスの火星♂

人の役に立つことが自己肯定感につながる

集中して仕事を成し遂げる。人の役に立つことが自己肯定感や自信につながる。オーバーワーク傾向。ダイエットや健康管理に興味。自分に厳しいが、他人にも厳しくなりやすい。

6ハウスの海王星♆

人を癒やす仕事や癒やされる職場が向く

人を癒やす仕事、飲食業、癒やされる職場、憩いの場で働くのが向く。仕事で芸術性を生かす。ルールが厳しい職場は不向き。依存症や中毒に注意。職場環境が健康に影響しやすい。

6ハウスの木星♃

責任感が強く信頼されるが仕事を受けすぎる傾向

仕事や職場、また職場の人間関係に恵まれやすい。責任感があって信頼される。仕事を受けすぎる傾向。何でも屋さん。大企業。公的機関。健康だが、暴飲暴食には注意。

6ハウスの冥王星♇

極限まで働くか全く働かない

極限まで働くか、全く働かないかの両極端。ギリギリまでがまんする傾向があり、ストレスを溜め込みがち。職場を思いっきり変える力を持つ。仕事での体験が人生を変える。

6ハウスの土星♄

継続力や忍耐力があり自分を抑えて努力する

自分を抑えて努力する性質。仕事や職場への苦手意識があるが、慣れてくるとプロ化していく。継続力や忍耐力、責任感がある。まとめる力や管理する力。冷え症。皮膚の荒れ。

7ハウス

「人間関係」の部屋

1ハウスの対面のハウス。1ハウスは自分自身を表しているのに対して、7ハウスは他者になり、人間関係のハウスになります。対人関係、パートナーの特徴、結婚相手、顧客などもここで見ることができます。

7ハウスの金星♀

関わる人が増えるほど金運がアップする

愛されることで安心する。趣味を通しての出会い。結婚相手と同じ趣味になりやすい。関わる人が増えれば増えるほど、金運アップにつながる。女性や若い人との接点が多い。

7ハウスの月☽

人の感情に左右されて疲れやすい

人と会うことで元気になる一方、人の感情に左右されやすいので疲れてしまうことも。母親からの影響が強い。人からどう見られるかを無意識に重要視する傾向。人気運あり。

7ハウスの太陽☉

人からどう見られるかが判断の基準になる

周りからの影響を受けやすいので、関わる人や好きな人、パートナーによって歩む人生が左右される。いろんなことに広く浅く接していく。人からどう見られるかを基準に物事を決める。

7ハウスの水星☿

いろんな会話を通して情報を収集していく

いろんな人との会話を通して、情報を収集していく。聞き上手または、話がわかりやすい。相手の考え方に影響されやすい。パートナーや結婚相手との楽しい会話を求める。

7ハウスの天王星♅

変わった相手や刺激的な関係を好む

エキセントリックな人に興味を示す。変わった人を引き寄せやすい。変則的な結婚生活。刺激的なパートナーシップ。人間関係の安定を好まない傾向。友人のような夫婦関係。

7ハウスの火星♂

人間関係が素早く進展する

積極的で行動力のある人がパートナーになりやすい。正義感が強く、議論を好む。ある意味、人間関係が進展する展開が速い。人への興味や好奇心がある。スピード結婚。

7ハウスの海王星♆

あいまいな人間関係でトラブルになることも

いろんな人間関係の中には怪しい人も。パートナーが急に姿をくらます。芸術的でつかみどころのないパートナー。あいまいな人間関係でのトラブル。相手に対する誇大妄想。

7ハウスの木星♃

人からの引き立てでチャンスや幸運をつかむ

人間関係や人脈の広がりによって、チャンスや幸運をつかむ。人からの引き立て。大らかなので人に好かれやすい。出会いが多い。結婚相手に恵まれる。結婚して豊かになる。

7ハウスの冥王星♇

出会いや人付き合いで人生観が変わる

対人関係で人生観が変わることがある。強烈な結婚相手。人付き合いやパートナーを丸ごと変えたい衝動が湧くことも。人と徹底的にやり合うか、全く興味がないかの両極端。

7ハウスの土星♄

苦手意識を克服すると対人関係が得意になる

若い頃は、対人関係への苦手意識があるが、克服すると逆に上手になっていく。ある意味パートナーは、ストレスを与えて人生を調整してくれる。結婚によって制限を感じる。

8ハウス

「より深い人間関係」の部屋

結婚生活など、より深い人間関係を見ます。組織、セックス、貯金、借金、保険、遺産、死、心の深い部分、人から受け継ぐものなども8ハウスの領域です。また、パートナーのお金の部屋として読むこともできます。

8ハウスの金星♀

組織の中で人間関係を円満にする役割になる

人の欲求に応えたい欲求があり、組織の中で人間関係を円満にする役割に。パートナーの金運がいい。もらい物運、引き継ぎ運、相続運がある。大切な人とのスキンシップが好き。

8ハウスの月☽

過去からの影響やこだわりに左右されやすい

特定の人や状況に没入しやすい。母や妻などつながりの深い女性から何かを継承する傾向。過去からの影響やこだわりに左右されやすい。何かに没頭すると精神的に安定する。

8ハウスの太陽☉

所属する組織や家族からの継承運がある

所属する組織や家族から何かを継承することがある。組織で働く。サラリーマン、エンジニア、探偵、心理関係、生死に関わる仕事、医療、人のお金を扱う仕事に適性がある。

8ハウスの水星☿

物事を深く掘り下げ徹底的に調べる

洞察力があり、物事を深く掘り下げたり、徹底的に調べたりすることができる。謎の解明。説得力がある。人の心の奥にあることを言葉にする才能。心に響く話が好き。

8ハウスの天王星♅

人との深い関係を好まず衝動的に絶つことも

いざという時に想定外の行動に出る。人との深い関係をあまり好まず、衝動的に関係を絶つことがある。変わった人や組織への興味。既存の方法を変革する力。オカルト力。

8ハウスの火星♂

本心を言い合うことで絆が深まることも

人と深く関わることでトラブルに遭いやすいが、本心を言い合うことで絆が深まることがある。洞察力や集中力があり、問題を解決する力も。サイキック能力。色っぽさがある。

8ハウスの海王星♆

人との感情の境界線があいまい

組織、お金関係、遺産関係、保険などで想定外のことが起きたり、肝心なところがうやむやになったりすることがある。霊的な能力。人との感情の境界線や性的な関係が曖昧。

8ハウスの木星♃

人と深く関わることで恩恵が得られる

人や組織と深く関わることで恩恵が得られる。もらい物運や組織運あり。幸せな結婚生活。パートナーの金運が良い。融資を得られる。人や場の空気の緊張を緩和する才能がある。

8ハウスの冥王星♇

人との深い関わりですべてが変わる

最後の最後で手のひら返しに合うことがある。遺産や保険の継承などで大金が入ってくることがあったり、大きな借金を背負ったりすることも。人の深層心理を操る力がある。

8ハウスの土星♄

人との壁を越えることで豊かな人生を送れる

若い頃は、人と深く関わったり秘密を知ったりすることにトラウマや苦手意識があり、自分自身に向き合うにも時間がかかる。しかし、その壁を越えると豊かな人生が待っている。

9ハウス

「グレードアップ衝動」の部屋

固定された世界から抜け出し、向上心のまま自由に動き回って世界と意識を拡大していくイメージ。勉強、移動、旅行（遠く）、海外、哲学、法律、語学、宗教、教える&教わる（専門分野）などは、このハウス。

9ハウスの金星♀

常に向上し続けることに楽しみを見出す

好きなことについては、ずっと学び続けられる。海外への関心。外国人との恋愛。哲学や精神世界への興味。本好き。旅行や移動を楽しむ。常に向上し続けることに楽しみを見出す。

9ハウスの月☽

自分が成長できることで元気になる

視野は広いが、細部に目が届かず、少々大雑把になりやすい。旅行や挑戦、好きな勉強など、自分が成長できることで元気になる。女性や子どもに教えるのが上手。

9ハウスの太陽☉

新しい世界に触れてグレードアップしたい

安定的なことより、見たことのない世界に触れて、常にグレードアップすることを望んでいる。学んだり教えたりすることも得意。海外移住。語学、旅行、出版、法律、宗教、哲学。

9ハウスの水星☿

視野が広く、向上心旺盛。臨機応変な対応力がある

視野が広い。向上心旺盛。哲学的思考。知的好奇心旺盛。語彙力が豊富。臨機応変な対応力がある。海外関係や外国語に関する職業、読書家、翻訳家、通訳、ライター、編集者に多い。

9ハウスの天王星♅

学んだことをオリジナルのものに

独自の考え方や思想、哲学を持っている。学んだことをオリジナルのものにしていく。精神世界、宗教、哲学、法律、出版、海外関係、語学などへの関心。海外で人生観が刷新される。

9ハウスの海王星♆

無制限な探求心を抱いて学んだり教えたり広めたり

芸術、哲学、宗教、スピリチュアル、精神世界、宇宙、アート、水や液体、薬などへの深い興味や探求心があり、学んだり教えたり広めたりする傾向がある。

9ハウスの冥王星♇

未知なことへのあきらめない探求心

9ハウスの分野や未知なことへのあきらめない心や探求心。海外で人生観が変わる。話し合いなどお互いを高め合えることは、ずっと続けられる。精神世界分野のカリスマ性。

9ハウスの火星♂

相手の出方や問題によって自分のレベルを高めていく

チャレンジャー。相手の出方や問題によって、自分のレベルを高めていく。短期集中でグレードアップ。宗教や哲学、法律などに適性。戦ったり議論好きだったりする。

9ハウスの木星♃

好きなことを自由にできる環境を求める

真実への探究心があり、意識の拡大に余念がない。好きなことを自由にできる環境を求める。精神世界、宗教、哲学、法律、出版、教育、語学、海外関係への興味と適性。

9ハウスの土星♄

チャレンジを恐れて保守的になりがち

チャレンジすることを恐れて、保守的になりがち。苦手だったり時間がかかったりする分野を克服すると、それが逆に得意になり、教える立場になりやすい。継続力がある。

10ハウス

「社会的な肩書き」の部屋

正反対に位置する4ハウスは家や家族などを示すのに対して、10ハウスは仕事、職業、役割、使命、肩書き、ステイタスといった社会を示します。「私は○○です」と自分を社会に紹介できる肩書きのハウスです。

10ハウスの金星♀

魅力や趣味がそのまま仕事につながる

芸術や美的なセンスを生かした仕事。若い人や女性向けの仕事。人を惹きつける魅力や趣味が仕事につながる。人と接する仕事。受付嬢、客寄せパンダ、イメージキャラクター。

10ハウスの月☽

仕事をすることで精神的に安定する

人気運や名声運がある。人の気持ちを扱う仕事や、女性や子ども向けの仕事で成功しやすい。やりたいことに関してインプット能力が高い。仕事をしていると元気になる。

10ハウスの太陽☉

社会的に認められ高く評価されることを望む

名誉、名声、社会的ステイタスを求める。仕事優先。太陽のサインの分野で社会的な成功をおさめやすい。女性の場合は、この太陽を夫の成功に使い、アゲマンになることも。

10ハウスの水星☿

話す、書くといった情報を扱う仕事で成功

どんな仕事もできてしまう器用なところがある。話したり書いたりする仕事や移動が多い仕事で成功。仕事に変化がないと飽きる。いろんな仕事を同時にこなせる才能。

10ハウスの天王星♅

仕事に独自性を発揮し独立する可能性大

会社に所属していても、いずれ独立開業する。独自性を生かせる仕事。職業として確立していない仕事を作り出す才能。人と違うところや常識を逸脱しているところを生かせる。

10ハウスの火星♂

目標達成のためにガンガン行動する

目標達成のために行動し、ライバルがいるとさらに燃える。アピール力、勢い、行動力、決断力がある。精密機械関係。切ったり削ったり、移動したりする仕事。体を動かす仕事。

10ハウスの海王星♆

人に夢や希望を与える仕事で成功する

癒やしやスピリチュアル、アートなど、人に夢や希望を与える仕事で成功。飲食、水商売、液体、水、薬、お酒の仕事。広がる時は無制限。良い噂もあるが悪い噂が出る場合もある。

10ハウスの木星♃

仕事においてとんとん拍子の運がある

社会的に認められやすい。カリスマ性があり、地位や名声を得る。45歳以降は特に成功しやすい。大企業、精神世界、宗教、哲学、法律、出版、教育、語学、海外関係への適性。

10ハウスの冥王星♇

ピタッとハマる仕事ならカリスマになることも

これだという仕事を見つけると、その分野で成功する。カリスマ性。目標を持つとあきらめずに成し遂げようとする。悪の道に走ってしまうことや仕事を全くしないこともある。

10ハウスの土星♄

目標を達成するまで時間がかかる

地位や名声を手にしたり、何かを形にしたりすると、それを維持したい欲求が湧く。目標達成には時間がかかるが、責任感や維持力があるので、社長業や管理職にも向いている。

11ハウス

「横のつながり」の部屋

横のつながりを示します。友人、サークル、コミュニティ、また未来という意味合いも。自己投資や資金投資もここ。上下関係なく、自由に、気が合う同士が話をしたりシェアしたりして、未来を作っていきます。

11ハウスの金星♀

フラットで楽しい交友からお金を生み出すことも

楽しい友人関係。友情から恋愛に発展。ネットやアプリを通じた出会い。フラットな楽しい人間関係がお金を生み出すことにつながる。楽しいコミュニティ活動。

11ハウスの月☽

オープンなつながりで元気になる

上下関係や老若男女関係なく、横のつながりや友人を持つことで元気になる。オープンな私生活。子どもの価値観や自由を尊重。コミュニティやネットなどに居場所を見つける。

11ハウスの太陽☉

自由なスタイルで仕事をするのがおすすめ

上下関係をあまり好まないため、自由なスタイルで仕事をするのが向いている。フリーランス、のれん分け、起業、シェアビジネス、友人と会社を作るなど。

11ハウスの水星☿

SNSなどを通じたコミュニケーションを好む

SNSでの発信や交流など、横のつながりや同じ価値観の人とのコミュニケーションを好む。未来についての情報収集力や見通す力。未来投資のために勉強したり研究したりする。

11ハウスの天王星♅

変わった友人や面白い仲間に恵まれる

いろんなことを変えていきたい衝動がある。変わった友人や面白い仲間と斬新なコミュニティを作る。友人大好き。バーチャルで世界中の人たちと遊ぶ。いつも自由でいたい。

11ハウスの火星♂

未来に関することや友人との関係で熱くなる

未来を開拓しようとしたり、友人と何かやろうとしたりすると熱くなる。未来への投資や自己投資にエネルギーを注ぐ。ありきたりではなく、新しいことや面白いことをしたい衝動。

11ハウスの海王星♆

未来に対して夢見がちで不安を感じることも

未来への誇大妄想や漠然とした不安。芸術的、スピリチュアル、未来への投資で、いろんな可能性を大きく広げられる。イメージ力が豊か。望む未来を引き寄せる才能。

11ハウスの木星♃

仲間と楽しく豊かに発展する流れを作れる

友人やコミュニティに恵まれやすく、そこから豊かさの流れを作ることができる。みんなが楽しく豊かに発展するプラットホーム。未来に前向き。地位や名声がある友人。

11ハウスの冥王星♇

未来に可能性を感じて大きく変える力がある

未来に対して大きな可能性を感じる、または、マイナスな陰謀論を信じる。これからの世界を大きく変える異端児。コミュニティや友人関係で、人生観が丸ごと変わる。

11ハウスの土星♄

未来や友人関係に不安や苦手意識がある

未来に関して不安なところがあるためか、逆に準備をしたり計画性があったりする。友人やコミュニティに対する苦手意識があるが、なじんでくると信頼関係を築ける。

12ハウス

「あっちの世界」の部屋

1人の時間、潜在意識、癒やし、自分が存在しなくても発展可能な世界、メディアやネットの世界、夜の世界、秘密、睡眠時間や夢を見ている時間、無意識の世界、スピリチュアル、仮想空間などのハウス。

12ハウスの金星♀

スピリチュアル、癒やしからお金を生み出すことも

スピリチュアルや癒やし関係のことが好きで、そこからお金を生み出すことができる。1人の時間を楽しめる。奉仕的なことに関心が向く。秘密の恋愛関係を持つことも。

12ハウスの月☽

芸術、癒やしなどの才能を無意識に使える

1人の時間や睡眠時間を大切にすると、精神的に安定して元気になる。繊細で秘密主義。イメージ力が豊かで、芸術、癒やし、スピリチュアルな才能を無意識に使える。

12ハウスの太陽☉

宇宙意識に働きかけるイメージ力に優れている

3次元のことよりも宇宙意識に働きかけることを好む。イメージ力に優れている。芸術やスピリチュアル、癒やし、ホスピスなどに向く。現場に行かなくても仕事ができるスタイル。

12ハウスの水星☿

会話で人の心を見抜いたり癒やしたり

1人の時間を充実させることで、思考を整理する。スピリチュアルや精神世界への興味や才能あり。見えない存在との交信。会話で人の心を見抜いたり癒やしたりできる。

12ハウスの天王星♅

癒やしや占いなどの分野でオリジナリティを発揮

不思議なこと、スピリチュアルや癒やし、占い、芸術、メディアなどでオリジナリティを発揮。遠隔やアイテム・機械を使ったヒーリング。ネットでの鑑定やカウンセリング。

12ハウスの海王星♆

見えない世界とのつながりを人のために

妄想力をマイナスに使うと精神的に病んでしまうが、その力を癒やしや芸術、スピリチュアル、人の役に立つことに使うとすごいパワーを発揮できる。メディアやネットでの活躍。

12ハウスの冥王星♇

影のフィクサーとして人や組織を蘇らせる

生きていてもどうせ死ぬなどの破壊衝動があるが、このパワーを芸術や創造、人の心を癒やすためなどに使うと感謝される道を歩む。影のフィクサー。人や会社を蘇らせる能力。

12ハウスの火星♂

不思議なことに興味がありネットに熱中することも

感情を隠しがちだが、隠し通すことはできないので、どこかに支障をきたす。秘密の恋愛。ネットに熱中する。エネルギーを素敵に使うものを見出すと可能性が大きく広がる。

12ハウスの木星♃

見えない存在に守られて癒やしやセラピーで成功

とても優しく、見えない存在にも守られている。さまざまな人を受け入れることができる。ネットやメディア関連、芸術、スピリチュアル、癒やし、セラピー関係での成功。

12ハウスの土星♄

コンプレックスこそが自分も人も救うことに

罪悪感や自己否定感があり、言いたいことが言えなかったり、周りと比べて落ち込んだりしやすい。そこから目をそらさずしっかり生きることで、自分のみならず人も救うことに。

ハウスとサインの組み合わせ

● 1ハウス（ASC）「自分自身」

牡羊座	単純＆純粋。直感的に動く。スピード感があり、せっかちで、思ったことが顔に出る。	牡牛座	マイペースで、落ち着いている。五感が優れている。スローだが着実さがある。頑固。
双子座	好奇心旺盛でフットワークも軽い。いろんなことを知っている。	蟹座	感情豊かで共感力があり、人懐っこく、親しみやすい雰囲気。模倣能力がある。
獅子座	クリエイティブで表現力がある。どこにいても目立ってしまう存在感。	乙女座	細かいことによく気がつき、若干辛辣。きちんとしている雰囲気。
天秤座	爽やかでフレンドリー。無意識にバランスを取る。おしゃれで洗練された雰囲気。	蠍座	ポーカーフェイス。心を開いている人とそうでない人とでは、フレンドリーさがまるで違う。
射手座	明るく楽天的。自由奔放な印象。細かいことにこだわらない。	山羊座	根が真面目で責任感がある。感情をあまり表に出さず大人の対応をする。
水瓶座	常識にとらわれない。人と違ったことをする傾向。平和主義＆博愛主義。	魚座	フワフワしている。癒やし系。感性や霊性が豊か。人との境界線を見失いがち。

● 2ハウス「お金の流れ・才能」

牡羊座	新しいものに触れるのが好き。新しいことをしてお金を生み出す。ワクワクのまま突き進んでいくと、そこからお金が生じていく。	牡牛座	生まれ持った才能や五感、美的センスを使うことや、職人的なことが収入源になる。繰り返してレベルを上げていく。
双子座	新しく面白い情報を扱ったり、移動が多かったりする仕事が収入源になる。いろんなことを同時にこなせる才能。	蟹座	女性や子ども関係、日常生活に密着したことが収入源に。やりたいことをすでにやっている人の真似をするとうまくいく。
獅子座	自分自身を表現する、あるいは、クリエイティブなこと、自分が制作したもの、エンタメ関係などが収入源になる。	乙女座	実務能力を生かした仕事、細かい作業力、管理力、あるいは、医療関係など人の役に立つことが収入源になる。
天秤座	美的なセンスを生かすことや、接客業や営業など何かしら人との関わりが収入源になる。	蠍座	組織や人の心をつかんだり操作したりできる才能、物事の裏を見抜く力、スピリチュアルなどが収入源になりやすい。
射手座	目標を高く持つことで、金運が上がっていく。移動関係、海外関係、精神世界関係、出版関係、専門的分野などが収入源になる。	山羊座	責任感があり、信頼関係を構築してお金につなげる。無駄なことを見抜く力があり、要領がいい。安定した収入を求める。
水瓶座	変わっているところや、自分にしかできないことが収入源につながる。物質に対しての執着があまりない。	魚座	癒やし、スピリチュアル、感性を生かした仕事、芸術的なことが収入源になる。

● 3ハウス「コミュニケーション、学習」

牡羊座	新しい物事や場所、新しい勉強に興味津々。ワクワクする直感が行動の決め手。	牡牛座	体験して理解する。五感を使うことがポイント。繰り返してレベルを上げる。安全第一。頑固。基本マイペース＆スロー。
双子座	ノリがいい。考えが変わりやすい。好奇心旺盛でいろんなことに手を出す。飽きっぽい。複数のことを同時にこなす。	蟹座	相手に共感しやすい。インプット能力がある。好き嫌いがはっきりしている。仲間意識があり、仲間とそうでない人とでは態度が違う。
獅子座	大風呂敷を広げる。いろんなことをクリエイトしたい。自分や自分に関係することをアピールしたい衝動。	乙女座	まとめたり、管理したり、書いたり、細かい作業をする能力。手先を使うことが得意。言われたことを正確にこなす力。優柔不断。
天秤座	人に気を遣い、爽やかなコミュニケーションが取れる。深入りはしない。いろんな情報を集める力。周りを見てバランスを取る。	蠍座	好きなことはとことん追求したり勉強したりする。説得力がある。人の真意を見抜く才能。興味がある人にだけ力を入れる。
射手座	未知の人や物事、場所への好奇心が旺盛。大らかで許容度が高く人に好かれる。だいたいわかると別のことをしたくなる。	山羊座	計画性がある。感情をあまり出さないコミュニケーション。やったことは、ちゃんと形にしていく傾向。無駄な動きを嫌う。
水瓶座	常識をあまり気にしない傾向。人とは一定の距離感を保つ。視点や発想が面白い。オンラインでの勉強。	魚座	どんな人でも受け入れて優しい。環境や周りの人から影響を受けやすい。相手の気持ちに共感しすぎる。イメージ力が高い。

● 4ハウス（IC）「家、家族」

牡羊座	新しい物事や環境が好き。新しい電化製品などにワクワクする。	牡牛座	お気に入りに囲まれていたい。五感を満たす暮らし。いい香りの空間。質の良いものを好む。
双子座	よく出かける。いろんな人が遊びに来る空間。安くて便利なものを好む。	蟹座	アットホームな環境を好む。家族を大切にする。
獅子座	クリエイティブな家や空間。華やかな感じ。クリエイティブなセンスの家系。	乙女座	清潔感があり、物が少ない、モノトーンな空間や家。家族が少々辛辣。
天秤座	家族との距離感やコミュニケーションが良好。おしゃれな空間や家。	蠍座	家族との濃い関わり。家系からの濃い影響。
射手座	自由な生活スタイル。本がたくさんあったり、面白い海外のものがあったりする。	山羊座	家族にも感情をあまり出さない。ルールのある家族。伝統的。
水瓶座	ルールや常識を逸脱した生活スタイル。自分だけの空間があると落ち着く。家族でも個人主義。ホテル暮らし。サブスク住宅。	魚座	一緒に住む人や環境からすごく影響を受けやすい。いろんなものを集めてくる。カオスな家。

5ハウス「好きなこと・恋愛」

牡羊座	チャレンジ精神が旺盛で0から1を生み出すことにワクワクする。恋愛は一目惚れしやすく、熱しやすく冷めやすい傾向。	牡牛座	手を使ったり、五感を生かしたりする趣味。繰り返してレベルを高める。恋愛は五感の心地良さ重視。
双子座	多趣味。ちょっとやっただけでできる傾向。いろんなことを広く浅く経験したい。恋愛は会話が楽しいことが大事。	蟹座	子どもや女性が好むようなことや、生活に密着するような趣味。人の真似をして上達する傾向。恋愛は心の共有を求める。
獅子座	クリエイティブな才能や表現力があり、それが認められると最高に嬉しい。恋愛にドラマを求める。	乙女座	細かい作業や手先を使った作業が好き。恋愛は必要とされると好きになりがち。
天秤座	いろんな人と関わることが好き。恋愛はスマートな駆け引きを楽しむ。ルックス重視になりがち。	蠍座	これと思ったことにとことんハマる。恋愛はあきらめない＆一心同体を求める。
射手座	自由に生きられる状態が好き。非日常体験、移動や旅行好き。グレードアップ衝動。恋愛は手に入れるまでを楽しめる。	山羊座	趣味や遊びを何らかの形にしていく。恋愛は長続きしやすい＆年上を好む傾向。
水瓶座	友人と遊ぶのが好き。恋愛は友人から発展したり、アピール方法が変わっていたり、告白されるとびっくりして逃げることも。	魚座	芸術や音楽、スピリチュアル、癒やし関係などが好き。恋愛は雰囲気に流されやすく、相手に好かれると好きになりがち。

6ハウス「働き方、職場、健康」

牡羊座	スピード感があり、常に新鮮なことがあると楽しく仕事ができる。リーダーシップを発揮。健康は頭や目に注意。	牡牛座	マイペースで職人的な仕事モード。同じことの繰り返しができる。仕事は少し遅い。健康はのどに注意。
双子座	同時に複数の仕事をこなせ、仕事が早い。飽きやすく、すぐにスマホを見てしまう。移動が気分転換に。健康は呼吸器に注意。	蟹座	アットホームな職場。派閥があることも。仕事ができる人を模倣するとうまくいく。健康は乳房や胃に注意。
獅子座	自分や自分のアイディアを表現するタイプなので、言われたことに従うのは苦手。華やかな職場。心臓や動脈に注意。	乙女座	実務能力があり、言われたことを淡々とこなす。細かいことに気がつき、仕事ができるので、頼まれごとが増える。腸に注意。
天秤座	いろんな人と関わることができる職場や、センスのいい職場。職場での素敵な出会い。健康は腎臓や肌に注意。	蠍座	スイッチが入るととことん仕事をする。仕事や職場に縛られがち。健康は感情を溜め込まないことと、生殖器系を大切に。
射手座	いろんな人に出会えたり、いろんな知識を得たりできる環境。移動の多い環境。肝臓を大切にし、大腿部を鍛えるとGood。	山羊座	きちんとした会社。働く時間も決まっている雰囲気。スケジュール通りに動く。健康は歯や骨、皮膚を大切にすることが大事。
水瓶座	ネット環境があればどこでも仕事ができるスタイル。規則や上下関係に縛られない職場。老廃物をよく流し、過労に注意。	魚座	人や仕事の境界線をしっかり引いておかないと、面倒なことに。癒やしや芸術、スピリチュアルな仕事。依存症に注意。

● 7ハウス（DSC）「パートナー、人間関係」

牡羊座	思ったことがすぐ口や顔に出たり、スピードを求めて急かしたりする感じの人がパートナー。	牡牛座	五感が優れているので心地いい物事を提供してくれるが、安全第一なので、頑固であまり変化を好まないパートナー。
双子座	好奇心旺盛で面白いことが大好きだが、言うことが変わったり、あちこちに出向いたりと、若干落ち着きがないパートナー。	蟹座	面倒見が良く優しいが、自分の感情をうまくコントロールできない面があるパートナー。
獅子座	クリエイティブかつドラマチックで面白いが、若干かまってちゃんなパートナー。	乙女座	細かいことによく気がつき、いろいろやってくれるが、若干辛辣なパートナー。
天秤座	社交的で会話が上手で、ホスピタリティや美的なセンスがあるが、若干人の目を気にしがちなパートナー。	蠍座	最初は疑い深いが、心を開くと一心同体になってくれる一途なパートナー。パートナーとの関わりで人生が変わる。
射手座	視野が広く自由で大らかなパートナー。ディスカッションしてお互いを高め合ったり、旅行好きだったりする。	山羊座	いろんなことをちゃんと形にしていこうとしたり、計画性があって合理的だったりするパートナー。
水瓶座	「あなたはあなた、私は私、みんな違ってみんないい」という価値観を持ち、一定の距離感を保とうとするパートナー。	魚座	フワフワしていてとらえどころがない＆感情に一貫性がないパートナー。

● 8ハウス「人との深い関わり、組織、遺産や借金」

牡羊座	深く関わった人に対して、思ったことや感情をすぐに出す。新しいことを開発していく組織。	牡牛座	深く関わる人に対して、所有意識が芽生えたり、その関係性の変化を望まなかったりする。もらい物運がある。
双子座	深刻なことになったら逃げようとする。煮詰まった関係が苦手で新しい情報や人を連れてくる。	蟹座	深く関わる人や組織の模倣能力がある。相手の気持ちがよくわかる。自分の気持ちを相手に押しつけがち。
獅子座	深く関わる人に対して、無邪気な本来の自分を発揮できる。仕事や遺産など引き継ぎ運がある。組織の中で目立つ存在。	乙女座	深く関わる人をいろいろフォローしてあげることもあれば、細かい点が気になって辛辣になる面もある。
天秤座	深く関わる人の心をマネジメントしたり、人のお金を運用したりする才能がある。	蠍座	深く関わる人に対して、一心同体を求める。人のお金を運用したり組織を運営したりする才能がある。
射手座	深く関わる人に対して、視野を広く持って楽しく接することができる。	山羊座	深く関わる人に対しても、礼儀を重んじてきちんと接する傾向。集団をまとめる才能がある。
水瓶座	深く関わる人に対しても、クールで一定の距離感を保つ。相手が干渉してきたり価値観を押しつけてきたりすると距離を取る。	魚座	深く関わる人に対して、境界線がわからなくなり、相手の問題を自分の問題と思い込んでしまうことがある。

● 9ハウス「グレードアップ」

牡羊座	ワクワクする時がそれをする時！　テンションが上がることを進めていくとグレードアップしていく。	牡牛座	実際に体験することと、同じことを繰り返していくことでグレードアップしていく。
双子座	いろんなことをちょっとずつ試していきながら、同時進行でグレードアップしていく。	蟹座	模倣能力があるので、優れている人を真似してグレードアップしていく。
獅子座	学習したことや作ったものを表現していくことで、自分のものになり、グレードアップしていく。	乙女座	細かく研究したり、プロセスを楽しんだりすることでグレードアップしていく。
天秤座	目指したい人を観察したり、新しい情報を集めたりしながらグレードアップしていく。	蠍座	これ!と思ったことや人と一心同体になってグレードアップしていく。
射手座	本を読んだり、海外に行ったり、ディスカッションしたり、視野を拡大しながらグレードアップしていく。	山羊座	無駄なことを見破り、最短距離を見出して、合理的にグレードアップしていく。
水瓶座	友だちと楽しみながら、面白いアイディアを取り入れて、グレードアップしていく。	魚座	ありとあらゆる可能性やイメージを使いながら、グレードアップしていく。

● 10ハウス（MC）「仕事」

牡羊座	新しいことなら何でも、新鮮さがあること、機械関係、体を動かす仕事。	牡牛座	職人的なこと、五感を使うこと、手先を使う仕事、お金を扱う仕事。
双子座	何でも屋さん、移動が多い仕事、旅行関連、メディア関連、書いたり話したりする仕事。	蟹座	女性や子ども関連、飲食業、生活に密着した仕事、面倒見の良さを生かした仕事、かわいらしいものを扱う仕事。
獅子座	表現する仕事、クリエイティブな仕事、ものづくり、華やかな仕事、水商売、エンターテイナー。	乙女座	事務関係、管理関係、医療関連、イラストレーター、システムエンジニア、研究職、編集者、秘書、会社員、片付け関連。
天秤座	美的センスを生かす仕事、美容師、ファッション関連、デザイン、インテリア、接客業、サービス業、受付嬢。	蠍座	心理関係、占い、カウンセラー、探偵、生死に関わる仕事、霊媒師、専門家、投資家。
射手座	海外関係、旅行関係、政治家、宗教家、精神世界関連、出版、先生と呼ばれる仕事、スポーツ関係、仙人。	山羊座	大企業、老舗、歴史のある会社、教員、公務員、みんなをまとめる仕事。
水瓶座	IT関連、ベンチャー企業、フリーランス、オリジナルな仕事を生み出す。	魚座	芸術、癒やし、アロマ関連、スピリチュアル、ヒーラー、カフェ、バー、ホスピス、ボランティア。

11ハウス「友人やコミュニティ」

牡羊座	思ったことがすぐ顔や口に出る友人や、ワクワクしたら猪突猛進する友人。新しいことにチャレンジするコミュニティ。	牡牛座	マイペースかつスローで、変化を嫌う&五感のどれかが秀でている友人。手作り、またはお金に関するコミュニティ。
双子座	好奇心旺盛でフットワークが軽いので、一緒に遊んで楽しい友人。その時の情報やノリでいろいろ決めていくコミュニティ。	蟹座	優しくて世話好きだが、若干感情的な面がある友人。女性や子どもが多い、またはアットホームで大衆的なコミュニティ。
獅子座	表現力がありクリエイティブで華やかな友人。イベントを企画したり、表現したりするコミュニティ。	乙女座	細かいことによく気がつくが、少し辛辣な友人。自分が楽しむだけでなく、誰かの役に立てるコミュニティ。
天秤座	人付き合いが得意で、美的なセンスがある友人。人との交流が楽しめるコミュニティ。	蠍座	物事の真意を見破る、洞察力のある友人。1つのことをとことん追求するようなコミュニティ。結束力が強い。
射手座	知識が豊富&大らかで、未来へのポジティブな話題が多い友人。精神世界やスポーツのコミュニティ。	山羊座	無駄を嫌い、具体的なことが好き&合理主義な友人。具体的な意味があるコミュニティ。
水瓶座	博愛主義で誰とでも仲良くなる&個人主義で一定の距離感を保つ友人。既存のルールにとらわれないコミュニティ。	魚座	フワフワしていて迷いやすく、いつも矛盾した願望を持つ友人。スピリチュアルや芸術的なコミュニティ。

12ハウス「1人の時間」

牡羊座	1人の時間は、新しいことにチャレンジしたり、直感が降りてきたりする。	牡牛座	1人の時間は、五感を満たして癒やしたり、職人的なことをしたりする。
双子座	1人の時間は、書いたり話したり調べたり移動したりして、好奇心のままに過ごす。	蟹座	1人の時間は、お気に入りの人のために何かをしたり、一緒に過ごそうとする。
獅子座	1人の時間は、自分を表現したり、ものづくりをしたり、エンタメを堪能したりする。	乙女座	1人の時間は、整理整頓をしたり、体のメンテナンスをしたりする。
天秤座	1人の時間は、美に関することをしたり、新しい情報を集めたりするが、結局、人と会ったりしがち。	蠍座	1人の時間は、ハマっていることをとことんやる。
射手座	1人の時間は、知りたいことを知るために使う。	山羊座	1人の時間は、どうやったらうまくいくかを考えるなど、企業努力を怠らない。
水瓶座	1人の時間は、ネットで活動したり情報を集めたり、友人に連絡したりする。	魚座	1人の時間は、芸術やスピリチュアル、癒やし、イメージなどに浸る。

Column

3

パートナーのホロスコープを使って生きる!?

結婚や同棲している人は、自分のホロスコープのほかにパートナーのホロスコープを第2のホロスコープとして使えちゃったりするんです。

結婚してから運気が上がる人というのは、相手のホロスコープを無意識に有効活用していたりします。

例えば、夫のホロスコープで、妻を表す「月」が多くの天体とアスペクトを形成していて、華やかだったとします。アスペクトが多いということは、月を使えば、ほかの天体も連携して使えるわけですから、とてもバラエティ豊かになります。

その場合、妻は、その月を自分の月として活用し、結婚してからの生活が楽しく、イキイキして、彩り豊かになったりするのです。

もしも、離婚したなら、夫の月を使うことができなくなります。

離婚して急に運が下がってしまう人は、それまで相手のホロスコープを使わせてもらっていた可能性があります。

そして、パートナーが変われば、また面白い化学変化が起きるというわけです。

夫を表す太陽や、妻を表す月だけでなく、ほかの天体もちゃっかり使っている場合もありますから、パートナーのホロスコープをチェックしてみると面白いですよ！

また、カップルの場合、お互いのホロスコープの月、水星、金星、太陽、火星ぐらいまでのサインをチェックして、簡単に相性を占うことができます。サインを火、地、風、水の特徴にざっくり分けると、それぞれの資質の違いや、どうされると嬉しいのかなど、相性の判断がしやすくなります。

感情や性格は月のサイン、思考や作業やトークは水星のサイン、楽しみ方や欲求は金星のサイン、人生の方向性や仕事は太陽のサイン、熱くなるポイントや行動、自己主張は火星のサインをそれぞれチェックしてみましょう。

第5章

アスペクトの特徴を知る

アスペクトってどんなもの？

180度
休みなく働きかける
あーしてこーしてそーして
120度
気が合って楽しい
90度
ストレスを感じる
60度
新しいものを生み出す
孤立して動く「ノーアスペクト」もあれば
くる
くる
3つ以上が関係する「複合アスペクト」もある
アスペクトってどこまでも深堀りできて面白い!!

アスペクトで天体と天体の関係がわかる

アスペクトは、天体と天体の関係性です。アスペクトがある天体同士が影響を与え合います。それはまるで血管でつながっているかのように連動します。

なお、公転周期が長い天体のほうが、公転周期が短い天体に対して大きく影響を及ぼします。

各天体の公転周期は次のとおりです。

- 月：約27日
- 水星：約88日
- 金星：約225日
- 太陽：約365日
- 火星：約687日

●木星：約12年
●土星：約30年
●天王星：約84年
●海王星：約１６４年
●冥王星：約２４８年

そして、天体と天体が作る角度によって、どんなふうに影響し合うかがわかります。０度、１８０度、90度はハードアスペクトといって、若干ストレスがある関係になります。１２０度と60度はイージーアスペクトといって、心地良い関係になっています。

アスペクトはぴったり0度とか90度とかではなくても、オーブといって、前後6〜8度くらい離れていてもアスペクトの影響の許容範囲内といえます。

また、アスペクトには、メジャーアスペクト（0度、１８０度、１２０度、90度、

60度）とマイナーアスペクト（150度、45度、30度、72度、144度、135度、165度）というものがあります。実際の鑑定では、この本に出てくるメジャーアスペクトだけで十分です。もっと詳しく研究したい人は、マイナーアスペクトも学んでみてください。ちなみに、10天体以外の小惑星も入れて占うこともできます。詳しく深堀りしたければ、いくらでもできるのが占星術なのです。

では、5つのメジャーアスペクトについて解説していきましょう。

コンジャンクション（0度）

天体がセットで働きます。公転周期の長い天体の影響を受けて、公転周期の短い天体が現場で働くことが多いです。

オポジション（180度）

180度という角度は、天体同士が対面しています。対面している天体に常に働きかける特徴があり、休めない感じがあります。衝動的で、ついついやりすぎる傾向も。また、オポジションには、発表衝動があります。外に向かってアピールする人にとっては、あるといいアスペクトです。

トライン(120度)

この角度を形成している天体のサイン同士は、火は火、地は地、風は風、水は水と、基本的に四元素が同じなので、自然と気が合って、とても楽で楽しくできるアスペクトです。

しかし、同じ元素同士だと、自信がついたり安心したり、継続したりはできますが、刺激や発展性はないので、退屈になるかもしれません。

スクエア(90度)

この角度を形成している天体のサイン同士は、火と水、火と地、風と水、風と地といった、お互いにストレスを感じる関係です。

両方の天体を同時にうまく使えないので、一方の天体に対して、もう一方の天体が唐突に割り込んできたり、止めにかかったり、足を引っ張ったりしてきます。

そして、それは衝動的で、少々やりすぎ感があったりするなど、なかなかコントロールしにくいところがあります。

しかし、このスクエアがあるからこそ、同じところに止まらずにレベルを上げたり、実際に形にしたり、人生の幅を広げたりすることができるのです。

セクスタイル（60度）

この角度を形成している天体のサイン同士は、火と風、地と水のお互いの特性を生かして化学変化を起こし、新しいことを生み出せる生産性のある関係です。お互いに違う元素なので、得意分野が違ったり、直接一緒にやらなくても間接的に助け合ったりすることができます。

これ以外にも、「ノーアスペクト（アスペクトがない）」と「複合アスペクト（3つ以上の天体のアスペクト）」についても簡単に説明しておきます。

ノーアスペクト

ほかの天体とつながっていないので、フリースタイルで動きます。暴走する場合もありますし、あるいは、自分ではまったく使わないで、ほかの誰かにその天体を投影することもあります。

複合アスペクト

複合アスペクトとは、３つ以上の天体で形成されるアスペクトです。

● グランドトライン

同じ元素の「活動、不動、柔軟」がセットになっていることが多いです。気が合ってうまく回りますが、刺激が足りなくなることも。

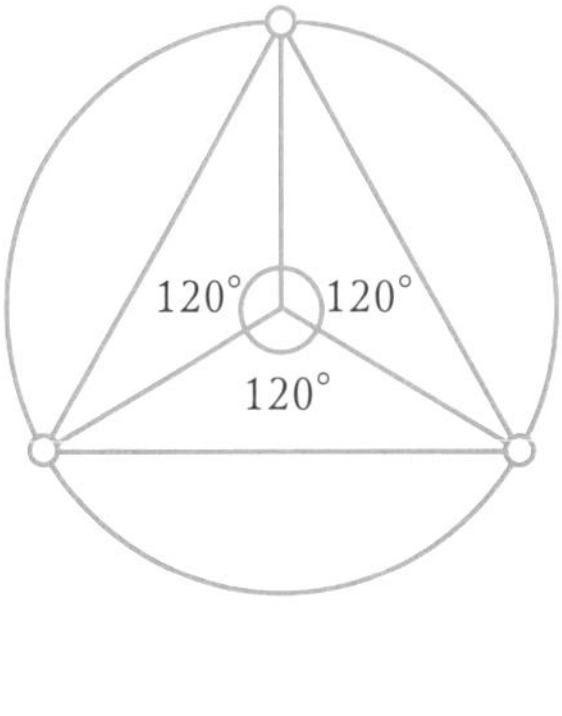

● T字スクエア

各天体が主張します。同じ3区分で形成されることが多く、どのT字スクエアなのかによって表れ方が変わります。「活動」はせわしなく、「不動」はそれぞれの天体が頑固で、「柔軟」はなかなか決まらず二転三転します。

● グランドクロス

T字スクエアがもう1つできた感じです。各天体が主張します。同じ3区分で形成されることが多いので、活動のグランドクロスなのか、不動のグランドクロスなのか、柔軟のグランドクロスなのかによって、表れ方が変わります。

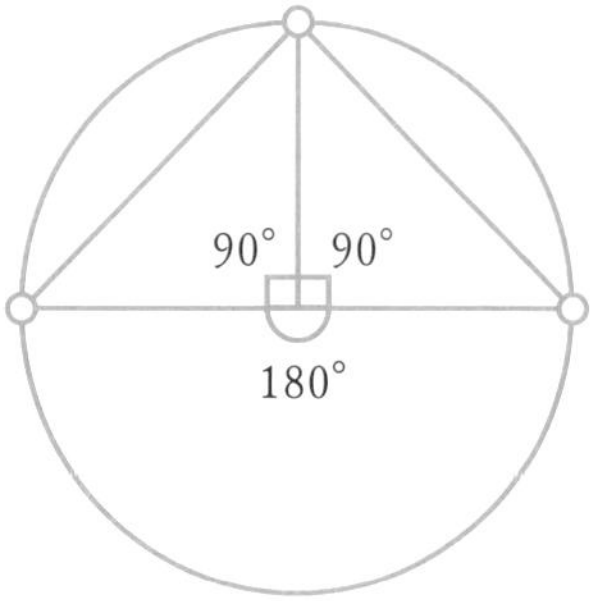

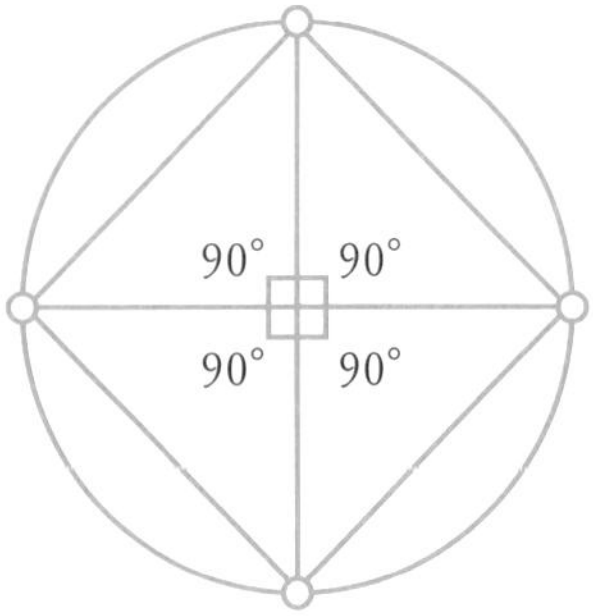

●調停

180度のアスペクトに緊張感がありますが、それをイージーアスペクト（セクスタイル、トライン）にある天体が良い方向に調整していきます。

●ミスティックレクタングル

調停がもう1つできた感じです。180度の緊張感を逃れようとしてイージーアスペクトのほうに行くと、また180度の緊張感があった！　というような、ちょっとゆとりがない感じになるかもしれません。

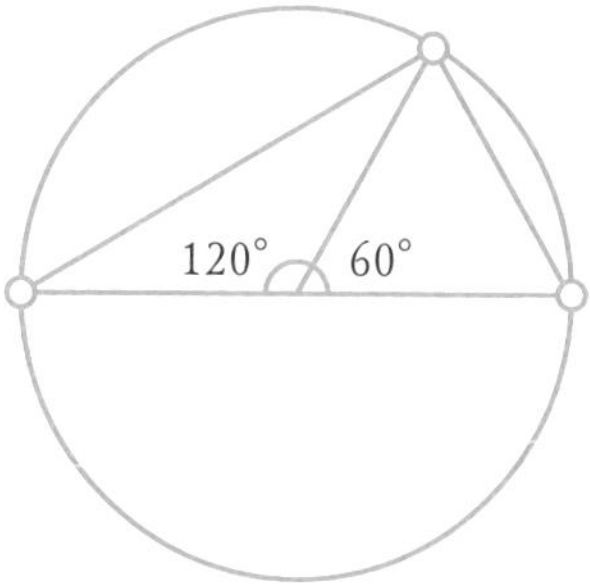

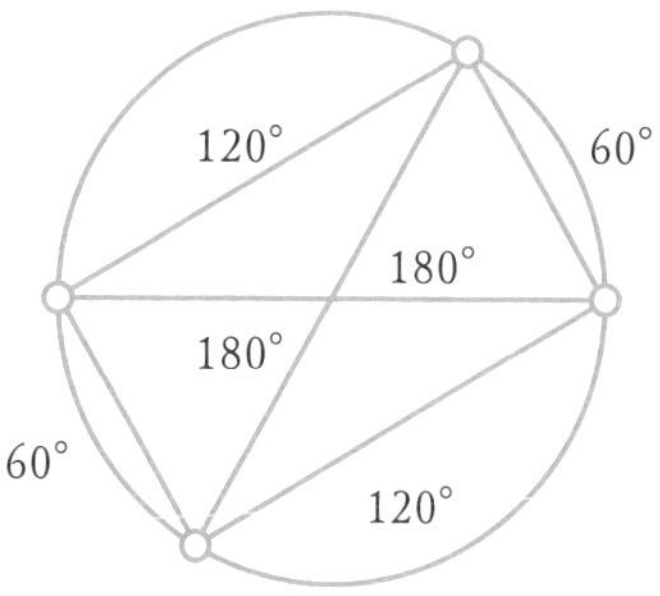

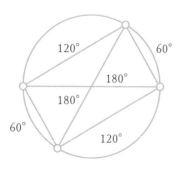

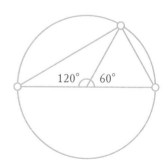

● **小三角**

１２０度の天体の意図に沿って60度の天体が働くので、とても使い勝手の良いセットです。

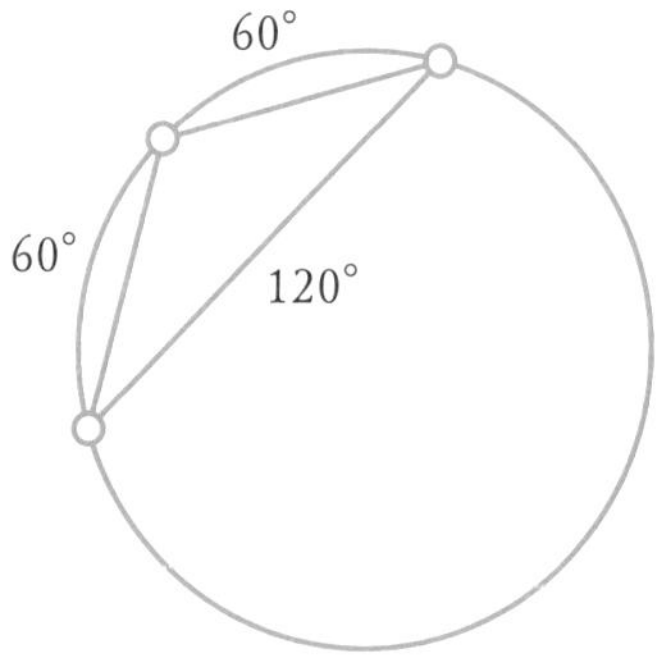

● **カイト**

グランドトラインと小三角のセットです。グランドトラインはただ和気藹々モードになりがちですが、それに１８０度が入ることで、そこに向かってエネルギーが一気に流れて、方向性が決まる感じです。

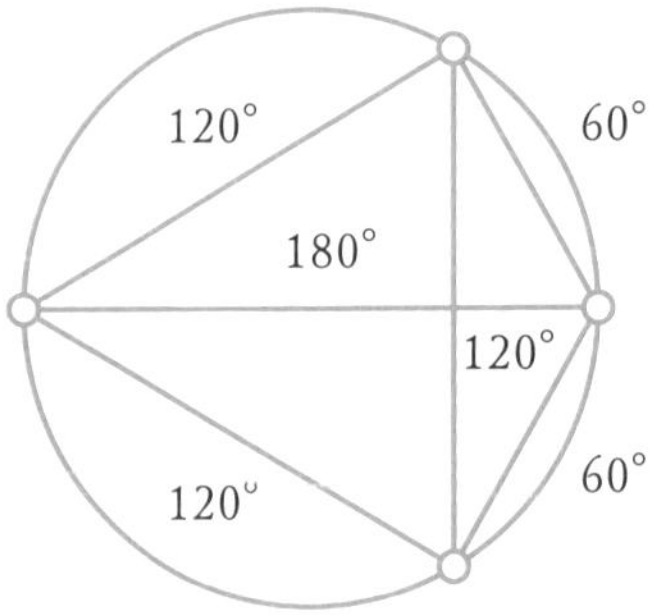

このほかにもいろいろありますが、このあたりを知っておけば十分でしょう。

さて、サインがずれている場合は少し解釈をアレンジする必要があります。

例えば、サインの後ろのほうの度数と、サインの前のほうの度数の組み合わせなどで、90度なのにサイン同士は60度の意味合いになったりします。このような場合は、90度の強さが緩和されます。

私の場合は、月が蠍座の最初のほうで、水星が山羊座の終わりのほうなので、水と地でサイン同士で見れば本来60度ですが、アスペクトは90度です。

月は「心」、水星は「言葉」を表しますから、90度だと心で感じたことをうまく言葉に翻訳することができず、変な具合に伝わってイライラしてしまうかもしれません。

しかしながら、サインで見てみると、心で感じたことを水星がきちんと翻訳してくれます。

90度は衝動的に出てしまうので、自分の気持ちを説明する時に若干あせって衝動的になり、話せば話すほどうまく伝わらなくなりがちですが、落ち着いて話をすれば、わかりやすく伝えることができるでしょう。このように、細かいところを解釈できるのが占星術の醍醐味です。

アスペクトを極めるには、天体のニュアンスをマスターしておくことがポイントになります。1つの天体にはたくさんの意味がありますから、どの言葉をチョイスして組み合わせていくかが大事になるんですね。

それでは、天体と天体が作るアスペクトを簡単に読み解いていきましょう。ここでは、1つの例で組み合わせています。自分でホロスコープを読む場合は、しっくりくるものを組み合わせていきましょう。

月☽と水星☿

0度	月が心の声、水星が言葉とすると、心の声がすぐ言葉に出る。
180度	月が心の声、水星が言葉とすると、心の声を衝動的にツイートしてしまう。
120度	月が心の声、水星が言葉とすると、気持ちを上手に伝えられる。
90度	月が心の声、水星が言葉とすると、話せば話すほど本心がうまく伝わらない。
60度	月が心の声、水星が情報収集とすると、心で感じたことについて、水星がいろんな情報を集めたり、調べたりする。

月☽と金星♀

0度	月が人気、金星が女性とすると、女性に人気。
180度	月が私生活、金星が華やかさとすると、リア充アピール。
120度	月が妻、金星が恋人とすると、恋愛してそのまま結婚。
90度	月が普段の自分、金星が華やかさとすると、必要以上に贅沢モードになりがち。
60度	月が感情、金星が芸術とすると、感情を芸術で表現。

月☽と太陽☉

0度	月を無意識の自分、太陽を目的とすると、目的の実現に向けて無意識に動く。
180度	月が自分自身、太陽が目的とすると、目的に向かって猪突猛進。
120度	月が素の自分、太陽が目的とすると、目的をごく自然に実行する。
90度	月がプライベート、太陽が仕事とすると、仕事でプライベートが犠牲になる。
60度	月が妻、太陽が夫とすると、夫婦がお互いに協力し合う。

月☽と火星♂

0度	月が感情、火星が興奮とすると、興奮しやすい人。
180度	月が心、火星が怒りとすると、怒ると一気に爆発!
120度	月が体、火星が活発とすると、活発で元気な人。
90度	月が自分自身、火星が攻撃とすると、自分で自分を傷つける。あるいは、火星を他人に投影して、傷つける人を登場させる。
60度	月が体、火星が行動とすると、どんどん行動することで元気になる。

月☽と木星♃

0度	月が自分自身、木星が「いいね!」とすると、自分に甘い人。
180度	月がプライベート、木星が「広がる!」とすると、自分自身に鍵がかかっていないので、いろんな人に入り込まれやすい。
120度	月が心、木星が「いいね!」とすると、いつもリラックスしていて楽天的。
90度	月が自分自身、木星が寛容とすると、自分や人に対して寛容すぎてルーズになりがち。
60度	月がプライベート、木星が公けとすると、自分の私生活をメディアで発信して収益を得るなど。

月☽と土星♄

0度	月が心、土星が「抑える」とすると、無意識についがまんしちゃう人。
180度	月が私生活、土星が質素さとすると、「質素にしなくちゃ」と自分で自分を矯正しがち。
120度	月が自分自身、土星が継続とすると、継続力のある人。
90度	月が感情、土星がブレーキとすると、感情を必要以上に抑えがちな人。
60度	月が精神、土星が安定とすると、土星のサイン、ハウスのことをすると精神が安定する。

月☽と天王星♅

0度	月がキャラクター、天王星が「枠越え!」とすると、常識にとらわれないキャラクター。
180度	月が自分自身、天王星が「枠越え!」とすると、ルールを破る人。
120度	月が自分自身、天王星が友人とすると、友人と和気藹々。
90度	月が感情、天王星が独立とすると、突然スパッと離れたり、切り捨てたりする人。
60度	月が心の声、天王星がネットとすると、自分が思ったことをネットを使って上手に発信。

月☽と海王星♆

0度	月がイメージ、海王星が「時空を超える」とすると、イメージが時空を超える不思議ちゃん。
180度	月が自分自身、海王星が不思議なこととすると、衝動的に不思議なことに向かっていくなど。
120度	月が私生活、海王星がスピリチュアルとすると、スピリチュアルを私生活に自然と取り入れる。
90度	月が私生活、海王星が「時空を超える」とすると、唐突に意識が時空を超えてしまうなど。
60度	月が私生活、海王星がアロマだとすると、アロマで私生活が癒やされる。

月☽と冥王星♇

0度	月が心、冥王星が火事場の馬鹿力とすると、ものすごく強靭な心を持っている。
180度	月が私生活、冥王星が極限状態とすると、普通では物足りなく、極限状態を求めていくなど。
120度	月が体、冥王星がすごい力だとすると、何があっても月にエネルギーがチャージされて復活(冥王星120度や60度は、復活させる機能がある)。
90度	月が記憶、冥王星が「全部変わる!」とすると、何かがきっかけで急に記憶が飛ぶなど。
60度	冥王星のサインやハウスのことをすると、月に関することが復活する。

水星☿と金星♀

0度	水星が工夫能力、金星が美しさとすると、デザイナー的センスがある人など。
180度	ネイタルチャート(出生図)では存在しない組み合わせ。
120度	ネイタルチャート(出生図)では存在しない組み合わせ。
90度	ネイタルチャート(出生図)では存在しない組み合わせ。
60度	水星が工夫能力、金星が美的センスとすると、相乗効果で素敵なものを作れる。

水星☿と太陽☉

0度	水星が作業、太陽が目的とすると、目的に沿って作業をする。
180度	ネイタルチャート（出生図）では存在しない組み合わせ。
120度	ネイタルチャート（出生図）では存在しない組み合わせ。
90度	ネイタルチャート（出生図）では存在しない組み合わせ。
60度	ネイタルチャート（出生図）では存在しない組み合わせ。

水星☿と火星♂

0度	水星が思考、火星が行動とすると、思い立ったらすぐに行動。
180度	水星が言葉、火星が興奮とすると、話しているうちに熱くなりすぎる。
120度	水星が神経、火星がエネルギーだとすると、立ち直りが早い（火星60度や120度は、火星のエネルギーがもう片方の天体に注入される）。
90度	水星が会話、火星が負けず嫌いとすると、話しているうちにやたら負けず嫌いモードにスイッチが入る。
60度	水星が思考、火星がスピードとするとSNSのリズミカルなレスポンス。

水星☿と木星♃

0度	水星が知性、木星が「広げる」とすると、博識。
180度	水星が言葉、木星が「増える」とすると、話し出すと止まらない。
120度	水星が言葉、木星が「増える」とすると、ボキャブラリーが豊富。
90度	水星が言葉、木星が「増える」とすると、話が脱線していく。
60度	木星のサインやハウスのことをすると、水星に関することが発展する。

水星☿と土星♄

0度	水星が仕事能力、土星がプロとすると、プロフェッショナル。
180度	水星が知識、土星が「形にする」とすると、ある分野では全体的にマスターしている。
120度	水星が仕事能力、土星が計画とすると、計画通りに仕事をこなす。
90度	水星が言葉、土星が「落とす」とすると、唐突に相手のテンションを落とす発言をする。
60度	水星が作業、土星が「形にする」とすると、それぞれの強みで協力し合って、良い物事を作ることができる。

● 水星☿と天王星♅

0度	水星が思考、天王星が「枠越え!」とすると、宇宙的発想。
180度	水星が言葉、天王星が「枠越え!」とすると、話したり、書いたりすることが過激で暴走しやすい。
120度	水星が思考、天王星が普遍性とすると、広い視点で物事を考えられる。
90度	水星が言葉、天王星が「枠越え!」とすると、唐突に予想外のことを言う。
60度	水星が仕事能力、天王星が友人とすると、友人の協力で仕事がうまくいく。

● 水星☿と海王星♆

0度	水星が言葉、海王星が「時空を超える!」とすると、話したり書いたりしている時に、ファンタジーな感じが同時に出てくる。
180度	水星が思考、海王星が妄想とすると、妄想が止まらなくなる。
120度	水星が言葉、海王星が「時空を超える!」とすると、不思議なことを楽しく言語化できる。
90度	水星が言葉、海王星が「時空を超える!」とすると、作業中に唐突に時空を超えて、フワフワしてしまう。
60度	水星が仕事能力、海王星がスピリチュアルとすると、スピリチュアルなことから仕事のヒントが得られる。

水星☿と冥王星♇

0度	水星が仕事能力、冥王星が「限界を超える!」とすると、とことん仕事をする。
180度	水星が言葉、冥王星がすごい力とすると、すごい説得力。
120度	水星が神経、冥王星がすごい力とすると、凹んでも立ち直る力(冥王星120度や60度は、復活させる機能がある)。
90度	水星が思考、冥王星が極限状態とすると、思考が限界を超えすぎてフリーズ(しかし、フリーズすることで新しい回路ができたりする)。
60度	冥王星のサインやハウスのことを意識して使うと、水星が限界を超えたパワーを使える。

金星♀と太陽☉

0度	金星が若者、太陽が仕事とすると、若者に囲まれて仕事をする。
180度	ネイタルチャート(出生図)では存在しない組み合わせ。
120度	ネイタルチャート(出生図)では存在しない組み合わせ。
90度	ネイタルチャート(出生図)では存在しない組み合わせ。
60度	ネイタルチャート(出生図)では存在しない組み合わせ。

金星♀と火星♂

0度	金星がお金、火星が稼ぐ力とすると、お金を稼ぐ力。
180度	金星が女性、火星が男性とすると、異性に対してのアピール力。
120度	金星が女性、火星が男性とすると、楽しい恋愛。
90度	金星が女性、火星が男性とすると、振り回される異性を好きになる。
60度	火星のサインやハウスのことを意識して取り入れると、金星に関することが活性化される。

金星♀と木星♃

0度	金星が美しさ、木星が「増える」とすると、華やかで目立つ。
180度	金星が楽しさ、木星が「広げる」とすると、楽しいことを大袈裟にアピール。
120度	金星が人間関係、木星が楽天的とすると、穏やかな人間関係。
90度	金星がお金、木星が「広げる」とすると、必要以上に浪費。
60度	金星が「かわいい」、木星が海外とすると、海外のかわいいものを買いつける。

金星♀と土星♄

0度	金星が恋愛、土星が慎重とすると、恋愛に奥手。
180度	金星が女性、土星が管理とすると、女性に厳しい。
120度	金星がお金、土星が安定とすると、金銭管理力がある。
90度	金星が楽しさ、土星が「削ぎ落とす」とすると、楽しい時間に唐突にブレーキをかける。
60度	金星が趣味、土星が「形にする」とすると、土星のサイン、ハウスのことをすると、趣味が形になる。

金星♀と天王星♅

0度	金星がファッション、天王星が改良とすると、リメイクなど。
180度	金星がメイクやファッション、天王星がエキセントリックとすると、インパクトのあるメイクやファッション。
120度	金星が人間関係、天王星が普遍性とすると、誰とでも自然と仲良くなる。
90度	金星が恋愛、天王星が刺激とすると、普通の恋愛では満足できない。
60度	金星がファッション、天王星がITとすると、ファッションのアプリなど。

金星♀と海王星♆

0度	金星が女性、海王星が幻想的とすると、幻想的な女性。
180度	金星がお金、海王星が無制限とすると、お金を使いすぎる。
120度	金星が楽しさ、海王星が「時空を超える!」とすると、目に見えない世界のことも楽しめる。
90度	金星が恋愛、海王星が妄想とすると、恋愛に妄想を抱きすぎる。
60度	金星がお金、海王星が神社とすると、神社巡りで金運アップ。

金星♀と冥王星♇

0度	金星が趣味、冥王星が「徹底的に」とすると、オタクな人。
180度	金星が欲望、冥王星が「徹底的に」とすると、冥王星のスイッチが入ると「これ!」と思ったことや人に、とことんハマってしまう。
120度	金星が恋愛、冥王星がすごい力とすると、恋愛で落ち込んでも立ち直りが早い(冥王星120度や60度は、復活させる機能がある)。
90度	金星がお金、冥王星が極限とすると、お金を使いすぎる。
60度	金星がお金、冥王星がすごい力とすると、冥王星のサインやハウスのことをするとお金が増える。

太陽☉と火星♂

0度	太陽が目的、火星が行動とすると、行動力のある人。
180度	太陽が目的、火星が行動とすると、目的を達成するために、積極的に行動する。
120度	太陽が目的、火星が行動とすると、目的を要領よく達成する。
90度	太陽が目的、火星が攻撃性とすると、突如として攻撃モードになる。
60度	太陽が仕事、火星が行動とすると、行動することで仕事のモチベーションが上がる。

太陽☉と木星♃

0度	太陽が仕事、木星が発展とすると、チャンスに恵まれる。
180度	太陽が仕事、木星が「広げる」とすると、仕事を広げすぎる。
120度	太陽が仕事、木星が肯定とすると、仕事が認められやすい。
90度	太陽が目的、木星が「広げる」とすると、目的以外の方向に広がりすぎる傾向。ただ、横にそれていった分だけ、人生の幅も広がる。
60度	木星のサインやハウスのことをすると、太陽に関することが発展する。

太陽☉と土星♄

0度	太陽が人生観、土星が枠とすると、決まったコースを進む。
180度	太陽が人生の方向性、土星が師匠だとすると、師匠についていく。
120度	太陽が仕事、土星が規則とすると、規則的に正確に仕事をこなす。
90度	太陽が仕事、土星が「削ぎ落とす」とすると、仕事が否定されたり、仕事に邪魔が入ったりする。
60度	太陽が目的、土星が専門家とすると、目的達成のために専門家に依頼する。

太陽☉と天王星♅

0度	太陽が人生の方向性、天王星がオリジナルとすると、自由な人生スタイル。
180度	太陽が人生の方向性、天王星が「枠越え!」とすると、決まりきった組織やルールへの反発心。
120度	太陽が人生の方向性、天王星が普遍性とすると、いろんな人から親しまれる。
90度	太陽が人生観、天王星が改革とすると、人生を刷新する衝動。
60度	太陽が仕事、天王星が「枠越え!」とすると、天王星のサインやハウスのことをすることで仕事の生産力アップ!

太陽☉と海王星♆

0度	太陽が人生観、海王星がイメージとすると、大きなビジョンを持った人生観など。
180度	太陽が人生の方向性、海王星が妄想とすると、誇大妄想など。
120度	太陽が人生の方向性、海王星が引き寄せ力とすると、上手に引き寄せの法則が使える。
90度	太陽が仕事、海王星が曖昧とすると、仕事で変なトラブルに巻き込まれやすい。
60度	太陽が仕事、海王星が夢見力とすると、夢からのお告げで仕事がうまくいく。

太陽☉と冥王星♇

0度	太陽が仕事、冥王星が極限状態とすると、冥王星のスイッチが入るとものすごく仕事をする。
180度	太陽が目的、冥王星が徹底的とすると、限界を超えてもやり抜くパワー。
120度	太陽が人生観、冥王星がすごい力とすると、困難があっても、再生する力がある（冥王星120度や60度は、復活させる機能がある）。
90度	太陽が仕事、冥王星が「全部変わる」とすると、冥王星のスイッチが入った時に仕事が丸ごと変わる。
60度	太陽が人生の方向性、冥王星が底力とすると、冥王星のサインやハウスのことをすると、人生を創造していく力がパワーアップ。

火星♂と木星♃

0度	火星が行動、木星が「広げる」とすると、ノリが良くどんどん行動する。
180度	火星が行動、木星が「広げる」とすると、行動すると止まらない。
120度	火星が行動、木星が「いいね!」とすると、いつも楽しくノリがいい。
90度	火星が勢い、木星が「広げる」とすると、違う方向に広がってしまう。
60度	木星のサインやハウスのことをすると、火星のサインやハウスのことをよりパワフルに活用できる。

火星♂と土星♄

0度	火星が行動、土星が「無駄を嫌う」とすると、無駄のない行動。
180度	火星が行動、土星が枠とすると、目的をはっきりさせると集中力と実行力をそれに投入できる。しかし、若干やりすぎる傾向。
120度	火星が行動、土星が規則とすると、計画的で正確な行動
90度	火星が行動、土星が制限とすると、行動を起こそうとすると邪魔が入ったり、ブレーキをかけたりしがち。
60度	土星のサインやハウスのことをすると、火星のパワーを効率的に使うことができる。

火星♂と天王星♅

0度	火星が行動、天王星が「枠越え!」とすると、自由に行動する。
180度	火星が行動、天王星が衝動とすると、誰にも染まらず突き進める。
120度	火星が行動、天王星が独自性とすると、自分のやり方で実行。
90度	火星が行動、天王星が刺激とすると、たまに興奮して常識を超えた行動をする。
60度	火星が「切り込む」、天王星が機械とすると、歯医者さんや外科医など。

火星♂と海王星♆

0度	火星が興奮、海王星が不思議とすると、不思議なことに興奮する。
180度	火星が行動、海王星が無制限とすると、思いついたことをあれもこれもやりすぎるなど。
120度	火星が稼ぐ力、海王星がイメージとすると、イメージを使う仕事がうまくいく。
90度	火星が集中力、海王星が「時空を超える」とすると、集中力が散漫になる。
60度	火星が元気の素、海王星がスピリチュアルとすると、遠隔ヒーリングで元気になる。

火星♂と冥王星♇

0度	火星が行動、冥王星が極限状態とすると、やる時は徹底的にやる人。
180度	火星が行動、冥王星が「徹底的に」とすると、徹底的な行動力。
120度	火星がバイタリティ、冥王星がすごい力とすると、エネルギーを使いきっても復活が早い（冥王星120度や60度は、復活させる機能がある）。
90度	火星が攻撃、冥王星が「徹底的に」とすると、スイッチが入ると徹底的な攻撃性が出る。
60度	火星が元気の素、冥王星がすごい力とすると、冥王星のサインやハウスのことをすると、元気になる。

木星♃と土星♄

0度	木星が「広げる」、土星が枠とすると、規則を守って広げる。
180度	木星が「広げる」、土星がフォーマットとすると、ルールの中で発展。
120度	木星が「広げる」、土星が先生とすると、わかりやすく楽しく教える。
90度	木星が「増やす」、土星が「減らす」とすると、増やしたと思ったら減らしたり、減らそうと思ったら増やしたりする。
60度	木星が「増える」、土星が「無駄を嫌う」とすると、土星のサインやハウスをすることで、無駄なくいいところだけを増やしていける。

木星♃と天王星♅

0度	木星が「広げる」、天王星が新しいこととすると、新しいことを広げる。
180度	木星が「広げる」、天王星が改革とすると、積極的にどんどん改革！イノベーター。
120度	木星が「広げる」、天王星が変わったこととすると、斬新なことを広げる。
90度	木星が「広げる」、天王星が「枠越え！」とすると、全然違うところで広がっていくなど。
60度	木星が発展、天王星が友人とすると、友人の協力を得て発展する。

木星♃と海王星♆

0度	木星が「広げる」、海王星が夢とすると、理想主義者。
180度	木星が「広げる」、海王星が夢とすると、夢や理想を掲げて押し出す。
120度	木星が「いいね！」、海王星が癒やしとすると、親切で優しい人。
90度	木星が「広げる」、海王星が「時空を超える」とすると、いいも悪いも広げすぎる。
60度	海王星のサインやハウスのことをすると、木星のサインやハウスのことがさらに広がる。

木星♃と冥王星♇

0度	木星が「広げる」、冥王星がすごい力とすると、組織のトップやカリスマ。
180度	木星が「広げる」、冥王星が極端とすると、極限状態まで広がったり増えたりする。
120度	木星が社会性、冥王星がすごい力とすると、社会に対しての影響力。
90度	木星が「広げる」、冥王星がすごい力とすると、思いがけない方向に広がる。
60度	木星が繁栄、冥王星がすごい力とすると、冥王星のサインやハウスのことをすると繁栄する。

土星♄と天王星♅

0度	土星が計画、天王星が機械とすると、正確で精密な感じ。
180度	土星がルール、天王星が改革とすると、ルールを変えるために貫く。
120度	土星が既存の方法、天王星が改良とすると、既存の方法を改良していく。
90度	土星が維持と安定、天王星が改革とすると、突如、変える、辞める、変化を起こす。
60度	土星が「形にする」、天王星が機械とすると、機械の力を使って形にしていく。

土星♄と海王星♆

0度	土星が枠、海王星が「時空を超える」とすると、土星の枠を海王星が消しゴムで消す。曖昧で不透明な感じ。
180度	土星が「形にする」、海王星が「溶けてなくなる!」とすると、形にしたものを飛散させていく。
120度	土星が着実、海王星が夢とすると、夢に向かってコツコツ努力する。
90度	土星が「固める」、海王星が「散らす」とすると、固めようとするものを散らすので要領が悪い。
60度	海王星のサインやハウスのことをすると、土星の枠がいい感じに広がる。

土星♄と冥王星♇

0度	土星が「真面目にコツコツ」、冥王星が「徹底的に」とすると、徹底的に努力する人。
180度	土星が「形にする」、冥王星が「徹底的に」とすると、限界を超えて押し進める。
120度	土星が維持力や耐久力、冥王星がすごい力とすると、すごい維持力や耐久力(冥王星120度や60度は、復活させる機能がある)。
90度	土星がこだわり、冥王星が「徹底的に」とすると、変にこだわりすぎてしまう。
60度	冥王星のサインやハウスのことをすると、土星のサインやハウスのことがとても安定する。

天王星、海王星、冥王星は、動きが遅くアスペクトの種類が少ないため、アスペクト別の解説は省きます。

- 天王星と海王星～天王星がPCで、海王星がイメージだとすると、グラフィックデザインなど。
- 天王星と冥王星～天王星が刷新、冥王星が強制的だとすると、強制的に刷新する!

※ 天王星と冥王星のセットは破壊と再生のアスペクトといわれています。

- 海王星と冥王星～冥王星のサインやハウスのことをすると、海王星の力がパワーアップする。

Column 4

ホロスコープには いろんな占い方がある！

本書では超基礎の占い方を中心に書いていますが、もっと勉強したい方は、占星術の学びを深めていくことで、下記の占いも楽しめるようになります。

✸ 三重円	3つのホロスコープを重ね合わせて、未来予測をしていきます。まずはネイタルチャート、次にプログレス（進行図）です。プログレスでは、ある計算方法に沿って天体が動いていきます。特にプログレスの月の動きで心のバイオリズムを読み解きます（P.240参照）。そして一番外側にトランジット（経過図）を重ねます。トランジットは、今の天体の動きです。過去を読みたければ過去の日時を設定し、未来を読みたければ未来の日時を設定します。
✸ サビアン占星術	12サインは、それぞれ30度あります。30度の1度1度にサビアンシンボルというポエム（合計360ポエム）のようなものがあり、それを読み解いていく占いです。
✸ シナストリー	2人のネイタルチャートを重ね合わせ、2重円にして相性を占う方法。この人と一緒にいると、心地良い、金運が上がる、あるいは自信がなくなるなど、さまざまなことがわかります。
✸ コンポジット	相手のネイタルチャートと自分のネイタルチャートを組み合わせて、1つの新しいホロスコープを作り、読み解く方法。パートナーだけでなく、チームを作る場合なども、コンポジット図を作ると、そのチームがどんな性質になるのかわかります。
✸ ホラリー占星術	ホラリー占星術は卜術です。質問をした瞬間の年月日と時間、場所でホロスコープを作成します。タロットのように、好きな人の今の気持ちや、仕事を辞めてもいいか？など、気になることを何でも占えます。
✸ 太陽回帰図（ソーラーリターン）	毎年、誕生日前後あたりに、自分のネイタルチャートの太陽の位置とまったく同じ位置に太陽が巡ってきます。その太陽が同じ位置のホロスコープで、その年の誕生日から1年間にどんなことがあるかを占うことができます。
✸ イレクショナル	会社設立、お店のオープン、入籍、引越しなど、何かを始める時、ホロスコープ的に良い日を決めることができます。

第6章

キャラを参考に占ってみよう

ホロスコープを読んで運勢を占う

ここまで、ホロスコープに表れるさまざまな部品と組み合わせを紹介してきました。10天体と12サインのキャラについても、ざっくりとつかんでいただいたことでしょう。

最後の章では、これまでのおさらいも兼ねて、ホロスコープの読み方を解説していきましょう。

❶ 自分のホロスコープを作成する。

無料でホロスコープを作成できるサイトなどを利用して、自分のホロスコープを作成しましょう。生年月日、出生時間（わからない場合はお昼の12時、もしくは「不明」を選択）、出生地を入力します。

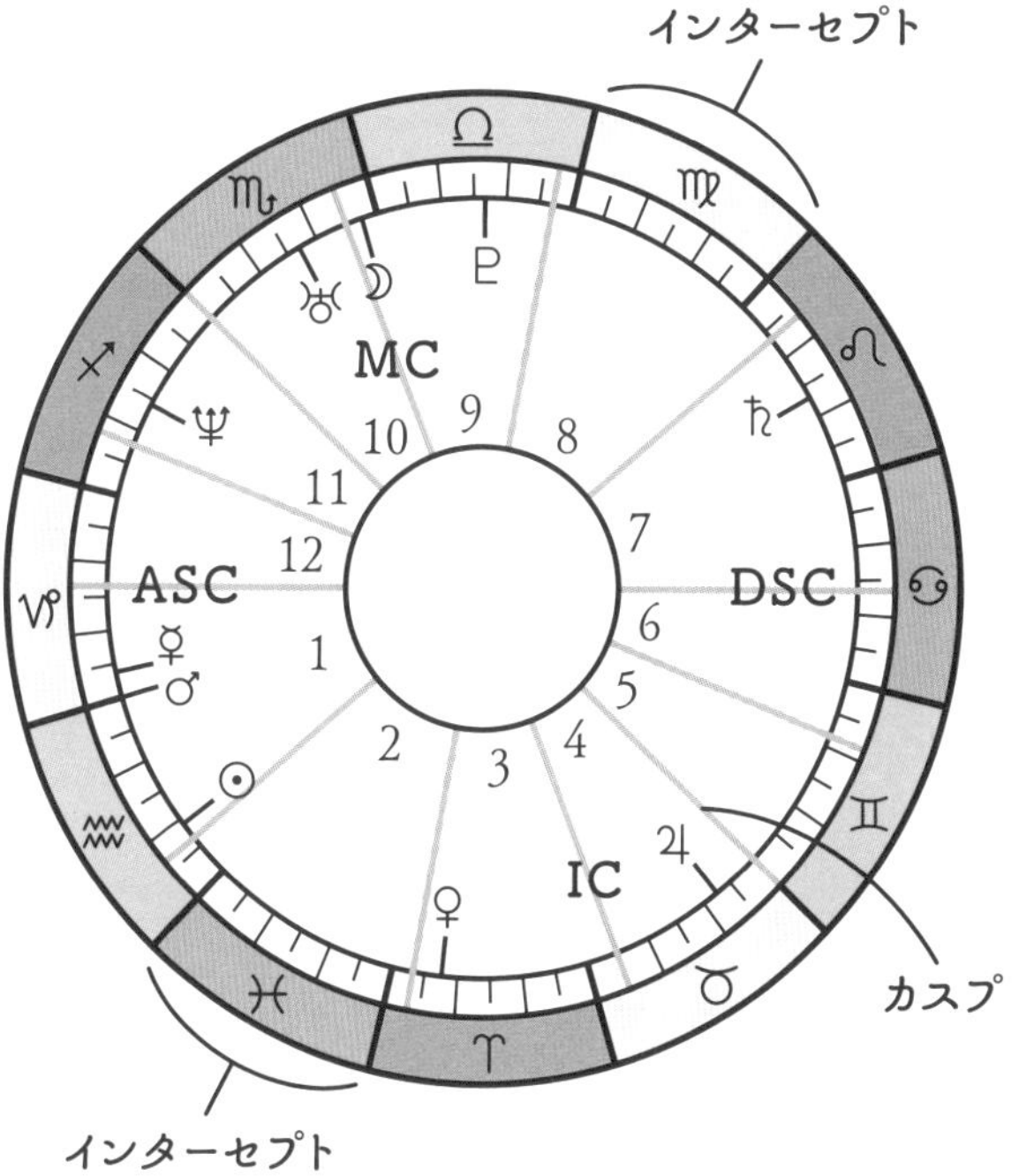

2 10天体を2区分、3区分、4元素に分けて、ざっくりと特徴を把握する。

P64を参照

3 ホロスコープの天体の配置を大まかにチェック。

P154を参照

4 1つのハウスに3つ以上の天体が入っている場合をチェック。

人生において、そのハウスやサインに多くのエネルギーを費やします。木星は1天体でもこの効果があります。しかし、土星が含まれている場合は、抑制しがちな面もあります。

5 ASCとMCとそのルーラーシップをチェックする。

ＡＳＣのサインで生まれつきの資質や無意識の行動パターンを読みます（余裕があれば、アスペクトも取り入れましょう。ホロスコープ作成サイトによってはＡＳＣにアスペクトが出てこない場合もあります）。

・ＡＳＣのルーラーシップ（Ｐ１５９）で、生まれつきの資質をどこのハウスで使うかを読みます。

・ＭＣのサインでどんな仕事の資質があるかをチェックします（余裕があれば、アスペクトも取り入れましょう。ホロスコープ作成サイトによっては、ＭＣにアスペクトが出てこない場合もあります。アスペクトがたくさんあると、仕事の方向性やバラエティが豊かになります）。

・ＭＣのルーラーシップで、仕事の資質をどこのハウスで使うかを読みます。

余裕があれば、ＩＣのサインを読んで、自分のルーツや、ＤＳＣでどんな人と関わりやすいのかもチェックするといいでしょう。

❻10天体をサイン、ハウス、アスペクトを加味してそれぞれ読む。

ちなみに順番通りに読まなくて大丈夫です。（アスペクトが難しい場合はとりあえず、アスペクト以外だけでも読んでみましょう）。

また、年齢域でざっくり読んでも楽しいです（P15）。

❼❻まで読み終わったら、読んでいないハウスなども読んでみる。

ちなみに順番通りに読まなくて大丈夫です。

❽ハウスのカスプのサインで、そのハウスの雰囲気や、2ハウスのルーラーシップを例にして、お金の流れを読んでみましょう。

● 2ハウスの支配星が1ハウスにある場合
お金を自分自身に使う。また、自分らしさを生かすことでお金が巡ってくる。

● 2ハウスの支配星が2ハウスにある場合
お金を生み出すためにお金を使う。

● 2ハウスの支配星が3ハウスにある場合
勉強や移動・旅行のためにお金を使う。または、勉強や移動・旅行をすることでお金が巡ってくる。

● 2ハウスの支配星が4ハウスにある場合
家や家族、居場所にお金を使う。または、家や家族、居場所がヒントになってお金が巡ってくる。

● 2ハウスの支配星が5ハウスにある場合

趣味、エンタメ、子ども関係、ギャンブル、起業あるいは何かを創造したり表現したりするためにお金を使う。趣味、エンタメ、子ども関係、ギャンブル、起業あるいは何かを創造したり表現したりすることなどでお金が巡ってくる。

● 2ハウスの支配星が6ハウスにある場合

仕事スタイルや健康関係、部下、ペットにお金を使う。仕事スタイルや健康関係、部下、ペットなどがきっかけになってお金が巡ってくる。

● 2ハウスの支配星が7ハウスにある場合

人付き合いやパートナーにお金を使う。人付き合いやパートナーによってお金が巡ってくる。

● 2ハウスの支配星が8ハウスにある場合

資産運用、保険、貯金、心を深く動かされた人、組織などにお金を使う。資産運用、保険、貯金、心を深く動かされた人、組織などからお金が流れてくる。

● 2ハウスの支配星が9ハウスにある場合
グレードアップするため、勉強、旅行、移動のためにお金を使う。グレードアップすること、勉強、旅行、移動などによりお金が巡ってくる。

● 2ハウスの支配星が10ハウスにある場合
仕事や名声のためにお金を使う。仕事や名声によってお金が巡ってくる。

● 2ハウスの支配星が11ハウスにある場合
自己投資、未来投資、イノベーション、友人関係、コミュニティなどにお金を使う。自己投資、未来投資、イノベーション、友人関係、コミュニティなどがきっかけとなりお金が巡ってくる。

● 2ハウスの支配星が12ハウスにある場合
お金を芸術、スピリチュアル、癒やし、心の平和、自分の時間などに使う。芸術、スピリチュアル、癒やし、心の平和、自分の時間などによってお金が巡ってくる。

プログレス（進行図）の月を読んでみる

ネイタルチャートを読み終わったら、本書ではやりませんが、プログレス、そして、トランジットと進んでいくわけです。

プログレスは、生まれてから1日目のホロスコープを実際の1年目の運勢、生まれてから20日目の運勢を実際の20年目の運勢というように、生まれてからの日数と、実際の年数の運勢がリンクしているという占いです。ですので、動きが速い天体は、少しずつ動きますが、木星、土星、天王星、海王星、冥王星はあまり動きません。

そして、一番動くのは月です。プログレスの月は簡単かつ、とても重要なので、説明させていただきます。

未来予測をする場合は、知りたい時点の天体の動きであるトランジットを使いますが、プログレスは体内時計です。気持ちがどこに向かっているのかを知ることができます。

気持ちがそこに向かっているということは、それに関する出来事が起こっているわけで、大まかな未来予測でもあるんですね。


無料で、プログレスチャートを出す場合は、インターネットで「プログレスチャート　無料」などと検索すれば作るサイトが出てきます。

自分の生年月日、生まれた時間と、知りたい日時を入力しましょう。

そうすると、2重円でホロスコープが作成されます。

内側がネイタルチャートで、外側がプログレスチャートになります。

そして、プログレスの月を見てみましょう。

主に、プログレスの月がネイタルチャートのどのハウスのところにあるかを見ます。

プログレスの月は、だいたい2・5年で1つのハウスを移動し、だいたい28年でホロスコープを一周していきます（幅が広いハウスや狭いハウスもあるので、だいたいだいたいで）。

つまり、2・5年のサイクルで、人生の流れが変わってくるわけです。

ちなみに、プログレスの太陽は1年に一度ずつ動きますから、30年に一度サインが変わります。サインが変わるということは、その人の性質がその新しいサインの性質を帯びていきます。性格や人生の方向性が、若干変わる感じです。あとですね、プログレスチャートの中でも新月が起こります。新月になる手前はやる気が失われ、新月後に急にやる気が出始めます。

今でも、知りたい未来でも、確認したい過去でもいいですが、プログレスの月がネイタルチャートのどのハウスを運行しているかをチェックしてみましょう。また、プログレスの月は、ハウスの終わりくらいにいる時から、次のハウスの傾向が少しずつ出てきます！

●プログレスの月が1ハウスにある場合

自分自身に意識が向いています。これから、どうやって生きていこうかと、自分と向き合うことになるでしょう。

また、プログレスの月がＡＳＣを通過する前後あたりから、新しい何かを始めることになりやすいです。

● プログレスの月が2ハウスにある場合

お金や才能に意識が向いています。持って生まれた才能を伸ばしたり、お金を生み出すためにいろいろと考えたり行動したりします。新しい商売を始める人もいるでしょう。

● プログレスの月が3ハウスにある場合

話したり、書いたり、学んだり、教えたり、移動したり、旅行したりすることが増えます。また、ライバルを意識しやすく、それを有効活用すれば自分のレベルをアップすることができます。マイナスに意識すると気が滅入ります。

● プログレスの月が4ハウスにある場合

家や家族に意識が向かいます。引越しをしたり、不動産に関心が出たり、家族と向き合う時間が増えたりします。

プログレスの月がＩＣの手前くらいが、ホロスコープの一番底辺の位置になり、一番気分が落ち込みやすくなります。しかし、ＩＣを過ぎた頃から、心が明るくなってくるでしょう。

●プログレスの月が５ハウスにある場合

自分や、自分が制作したものなどをどんどん表現したくなります。また、子どもができたり、子どもがらみのことが増えたりします。基本的にはとても楽しい時期で、恋愛したり、チヤホヤされたりすることも増えるでしょう。

●プログレスの月が６ハウスにある場合

仕事ややるべきことが増えて忙しくなるでしょう。完璧主義になると行き詰まってしまうので、誰かに頼んだり協力を依頼したりするといいでしょう。また、ダイエットや健康に関心が向きます。

●プログレスの月が７ハウスにある場合

人との関わりが増えます。今まで頑張ってきたことが開花したり、人に認知されたり、楽しくなったりしていきます。恋人や、人生のパートナー、ビジネスパートナーとの出会いがあったりします。

プログレスの月がDSC前後からデビューモードになります。1～6ハウスまでは地底で、ある意味潜伏期間でした。ここから地上に上がって、いろんな人との関わりが増えていきます。そして、これからプログレスの月が10ハウスに到達するまでの7・5年ぐらい、華やかで忙しく、ある意味、快進撃モードに突入します。

●プログレスの月が8ハウスにある場合

パートナーや会社や組織とがっつり関わったりして、いろんな変容が起こります。

何かを引き継いだりしますが、その分少し窮屈に感じることがあるかもしれません。

遺産が入ったり、保険金が下りたり、借金関係だったり、大きなお金が動くことがあったりします。

●プログレスの月が9ハウスにある場合

8ハウスの少し窮屈な感じから解放されて、のびのびと自由に動いていきます。知りたい分野に関して、グレードアップを図っていきます。

専門的な勉強をしたり、教えたり、海外に行くことが増えたりします。精神世界に興味を持つ人もいそうです。

●プログレスの月が10ハウスにある場合

プログレスの月は約28年でホロスコープを1周しますが、その中でも絶好調の時期です。仕事や目的を達成したり、注目を浴びたり、あるいは、結婚する人もいます。プログレスの月がMC前後で結婚し、10ハウス半ばで、仕事を変えたり、もっとゆっくりしたパターンにシフトしたりしていくパターンがよくあります。

●プログレスの月が11ハウスにある場合

これからの未来を意識し始め、マイペースにシフトしていきます。横のつながり、サークル、コミュニティ、友人との関わりに楽しみを見出したり、未来のための自己投資や勉強を始めたりします。何かに依存せずに、自立して何かをしたくなります。

● プログレスの月が12ハウスにある場合

今までやってきたことを手放し、自分の時間を大切にし始めます。本当に自分に必要なことを見つけていこうとします。スピリチュアルな世界に興味を持つ人も少なくないでしょう。

そして、またプログレスの月は1ハウスに入っていきます。

著者 キャメレオン竹田（きゃめれおん・たけだ）

著書累計85万部以上。作家、芸術家、デザイナー、実業家、(株) トウメイ人間製作所代表取締役。会員制オンラインサロン「神さまサロン」や各種学校主宰、商品開発など活動は多岐にわたる。占い連載多数。タロット関連の著書は『カードの意味が一瞬でわかる！ タロットキャラ図鑑』(ナツメ社)、『キャメレオン竹田のすごいタロットカード』(日本文芸社) がオススメ。近著に『神さまとのおしゃべりBook』(三笠書房)、『あなたの2023年がめちゃくちゃ開運する本』(日本文芸社) などがある。

STAFF

編集協力	株式会社羊カンパニー（中村裕美）
装丁・デザイン	monostore（柴田紗枝）
校正	株式会社オフィスバンズ
マンガ・イラスト	小豆だるま
編集担当	ナツメ出版企画株式会社（田丸智子）

本書に関するお問い合わせは、書名・発行日・該当ページを明記の上、下記のいずれかの方法にてお送りください。
電話でのお問い合わせはお受けしておりません。
・ナツメ社webサイトの問い合わせフォーム
https://www.natsume.co.jp/contact
・FAX（03-3291-1305）
・郵送（下記、ナツメ出版企画株式会社宛て）
なお、回答までに日にちをいただく場合があります。
正誤のお問い合わせ以外の書籍内容に関する解説・個別の相談は行っておりません。あらかじめご了承ください。

ホロスコープを読《よ》むのが楽《たの》しくなる！
占星術《せんせいじゅつ》キャラ図鑑《ずかん》

ナツメ社Webサイト
https://www.natsume.co.jp
書籍の最新情報（正誤情報を含む）はナツメ社Webサイトをご覧ください。

2023年1月1日　初版発行

著　者　キャメレオン竹田《たけだ》
発行者　田村正隆

発行所　株式会社ナツメ社
東京都千代田区神田神保町1-52　ナツメ社ビル1F（〒101-0051）
電話　03（3291）1257（代表）　FAX　03（3291）5761
振替　00130-1-58661

制作　ナツメ出版企画株式会社
東京都千代田区神田神保町1-52　ナツメ社ビル3F（〒101-0051）
電話　03（3295）3921（代表）

印刷所　ラン印刷社

ISBN978-4-8163-7299-5
Printed in Japan